기쁨으로 리셋

Reset
with
Joy

김한요 목사의 빌립보서 강해

기쁨으로 리셋

Reset
with
Joy

김한요 지음

QTM

추천사

유럽 최초의 교회인 빌립보 교회나 오늘 우리 시대 교회나 안팎으로 박해와 갈등이 참 많습니다. 하지만 문제 없는 인생이 없고 어려움 없는 교회도 없습니다. 그렇기 때문에 우리 삶은 날마다 새로운 기쁨으로 리셋되어야 합니다.

김한요 목사님의 『기쁨으로 리셋』은 포스트 팬데믹 시대를 살아가는 우리 삶이 빌립보서 말씀을 통해 진정한 기쁨으로 리셋될 수 있도록 인도합니다. 이 기쁨은 말씀에 기초한 기쁨이며, 복음을 통해 하나님이 주시는 기쁨입니다. 그래서 기쁨으로 리셋하는 것은 김 목사님의 통찰처럼 남을 '낮게' 여기는 것이 아니라 '낫게' 여기는, 'ㅅ의 리셋'이며, 이는 곧 "십자가로 리셋하는 것입니다." 다시 말해 "당신이 나보다 옳습니다!"라고 인정하는 것입니다.

이 책 매 챕터마다 달린 '적용 질문'은 더 깊은 묵상으로 안내합니다. 이 책의 지혜로운 안내를 따라 빌립보서를 묵상하다 보면, 우울하고 답답했던 삶도 다시 복음의 기쁨으로 새롭게 세팅될 것입니다.

김 목사님의 책을 통해 많은 독자들께서 진짜 기쁨을 누릴 수 있기를 축복합니다.

김양재 | 우리들교회 담임목사,

QTM 대표

『기쁨으로 리셋』은 이민 목회자이신 김한요 목사님의 빌립보서 강해입니다. 빌립보서는 고난 중에 있는 분들에게 기쁨을 선물해 주는 바울의 옥중서신입니다. 저자는 리셋을 재정비, 재개편, 재고정이라고 정의합니다. 또한 리셋을 교회 본질로 돌아가는 것이라고 말합니다. 지금은 다시 본질로 돌아갈 때입니다. 본질로 돌아간다는 것은 예수 그리스도께로 돌아가는 것입니다. 말씀으로 돌아가는 것입니다. 복음으로 돌아가는 것입니다. 성령님께로 돌아가는 것입니다.

저자는 한 영혼을 천하보다 귀히 여기는 선한 목자이십니다. 훌륭한 설교자이십니다. 탁월한 영적 지도자이십니다. 저자는 지성과 감성과 영성을 겸비한 분입니다. 저는 저자의 설교를 들을 때마다 감동을 받습니다. 감탄하고 경탄합니다. 그 이유는 거듭 우리를 하나님께로 인도하기 때문입니다. 생수의 원천으로 인도하기 때문입니다. 놀라운 지혜와 통찰을 선물해 주기 때문입니다.

코로나 이후 교회가 다시 출발해야 하는 시점에서, 저자는 빌립보서를 통해 교회의 본질을 되찾기를 원합니다. 저자를 생각하면 성경에 나오는 떡 굽는 사람 맛디댜(대상 9:31)가 생각납니다. 저자는 맛디댜가 떡을 구워 성막에 올리듯, 말씀의 떡을 준비해 하나님께 올려 드립니다. 바로 그 떡을 성도들에게 먹입니다. 저는 이 책을 고난 중에도 기쁨을 경험하기 원하는 분들에게 추천하고 싶습니다. 교회의 본질을 거듭 추구하고 싶은 분들에게 추천하고 싶습니다. 예수님을 아는 고상한 지식을 갈망하는 분들에게 추천하고 싶습니다. 또한, 빌립보서를 연구하고 강해하기 원하는 사역자들에게 추천하고 싶습니다.

강준민 | L.A. 새생명비전교회 담임목사

김한요 목사님은 탁월한 강해 설교가입니다. 그리스도 중심의 성경 해석과 강해 설교로 회심과 성화의 열매를 맺고 있습니다. 이번에 빌립보서 강해서가 나왔습니다. 코로나 이후 교회가 회복을 넘어 부흥으로 전진하도록 교회의 본질에 근거한 교회 리세팅을 지향한 강해서입니다. 모든 교회가 주 안에서 구원의 기쁨을 회복하여 새출발하는 계기가 되기를 기대하며 기쁨으로 추천합니다.

권성수 | 대구동신교회 원로목사,
미국 웨스트민스터 신학교 특훈겸임교수, 백석대학교 석좌교수

전자기기에는 개발자가 공들여 만들어 놓은 기본 설정값이 존재합니다. 잘 쓰던 기기일지라도 시간이 지나 과부하에 걸려 속도가 느려지고 성능이 떨어지게 되면 우리는 해결 방법으로 리셋을 꺼내 듭니다.

하나님의 교회 역시 마찬가지입니다. 이 땅에 교회가 세워질 때 그분께서 친히 세공하신 교회의 원형이 있습니다. 그러나 시간이 흘러 교회 역시 처음의 기본 설정값이 흐려졌다면 익숙해졌던 사람의 관습을 무너뜨리는 각오를 감내하고서라도 다시 하나님의 디자인대로 돌아가야 합니다.

이 책은 오늘날의 반가운 설교자 김한요 목사님이 우리가 리셋해야 할 교회의 본질과 사명을 찾기 위해 빌립보서를 끈질기게 붙잡고 묵상한 결과물입니다. 저자가 이 책에서 이야기하는 리셋은 물론 각오가 필요하지만 괴롭기만 한 탈바꿈의 과정이 결코 아닙니다. 그 지향점을 '기쁨의 서신' 빌립보서에서 찾기 때문입니다.

김한요 목사님이 들려주는 사랑과 섬김, 기쁨이 가득했던 빌립보 교회와 그 교회를 기쁨으로 격려한 바울의 서신 이야기를 통해 하나님의 기본 설정값으로 교회를 돌이키는 리셋을 기쁨으로 결단할 수 있기를 바랍니다. 주님으로 인해 기뻐하길 원하며 주님이 기뻐하시는 교회의 모습을 회복하고 싶은 모든 목회자와 성도들에게 이 책을 추천합니다.

김병삼 | 만나교회 담임목사

기쁨의 반대말은 슬픔이 아니라 권태입니다. 자기도 모르게 신앙의 권태를 겪고 있는 성도에게 이 책은 좋은 처방전입니다. 한 손엔 빌립보서를, 다른 한 손엔 이 책을 드십시오. 여러분의 심장이 다시 복음으로 고동치게 될 것입니다. 다시 푯대를 향하여 어깨를 내밀며 달리게 될 것입니다. 탁월한 복음 설교가답게 김한요 목사님은 복음을 오늘의 언어로 생생하게 전달합니다. 기쁨은 복음 안에 있고 삶의 리셋도 복음에서 시작한다고 독자들을 설득합니다. 그리고 저는 이미 설득당했습니다.

류인현 | 뉴프론티어교회 담임목사

이 설교집의 저자인 김한요 목사는 제가 아는 현시대 최고의 설교가입니다. '누가 최고'라는 의미보다는 '뭐가 최고의 설교'인지를 보여주는 분이라는 뜻이지요. 이 설교집 역시 그것을 증명합니다.

우선, 김한요 목사의 설교는 분명합니다. 마치 토요일 밤만 되면 저자는 이 한마디를 전하고 싶어서 밤잠을 설레는 설교자 같습니다. 너무 전하고 싶어 하는 한 가지의 메시지가 매 설교마다 분명하게 드러납니다. 그리고 그 한 가지를 설명하기 위해서 설득력 있는 설명들이 붙여집니다. 또, 김한요 목사의 설교는 듣는 이의 머릿속에 한가지 그림을 남겨 줍니다. 이미지+네이션, 상상력이란 머릿속에 그림을 새기는 것을 의미합니다. 저자의 설교는 우리의 상상력에 불을 지핍니다. 아울러, 김한요 목사의 언어는 신선합니다. 지루하지 않고 또 세련미가 있습니다. 익숙한 말 같으나 느낌이 새롭고, 듣는 귀와 마음을 상쾌하게 합니다.

그럼에도, 김한요 목사의 설교는 안전합니다. 새로운 것이란 왠지 사람을 불안하게 할 수 있습니다. 신앙에 있어서 새롭다는 것은 좋은 것만을 의미하지 않습니다. 그런데 저자의 설교가 안전할 수 있는 것은 성경과 신학에 대한 탄탄한 지식과 이해를 토대로 하고 있다는 것입니다. 그래서 어떤 이야기를 해도 바른길에서 이탈하지 않습니다.

그리고 무엇보다 김한요 목사의 설교에는 예수가 있습니다. 예수 그리스도가 빠지는 설교는 없고, 결국 모든 설교에 예수가 중심이고, 해답이고, 결론이 됩니다. 또 한 번 이런 좋은 설교들을 이 책을 통해서 접할 수 있다는 것이 얼마나 감사하고 다행스러운 일인지 모릅니다.

박성일 | 필라델피아 기쁨의 교회 담임목사,
GATE 신학원 원장

왜 리셋이 필요한가? 원상태로 되돌리기 위함입니다. 컴퓨터를 리셋하듯, 때로 우리의 인생과 가정, 관계와 공동체도 리셋이 필요합니다. 바른길로 돌이키고, 본질을 회복하는 리셋은 진솔한 상황 판단과 고백 그리고 단호한 결단과 용기를 요구합니다. 『기쁨으로 리셋』은 바로 그런 배경과 의도에서 썼음을 저자는 언급합니다.

"코비드19(COVID-19)의 소용돌이 숲에서 빠져나와 새출발하는 포스트 팬데믹(post-pandemic) 교회 사역을 시작하면서, 빌립보서를 묵상하며 교회의 본질과 사명을 붙잡고 씨름했습니다."

저자는 진리와 가치관의 혼돈시대를 살아가는 우리들에게 그리스도인의 정체성과 복음의 본질, 신앙생활의 목적과 교회의 사명을 회복하는 리셋의 말씀을 빌립보서를 바탕으로 전합니다. 독자들이 은혜의 기쁨 안에 예수 중심의 삶으로 회복되도록 신선한 안목과 현대적 표현으로 쓰여진 『기쁨으로 리셋』을 혼탁한 시대를 사는 모든 그리스도인들에게 강력히 추천합니다.

양춘길 | 뉴저지 필그림선교교회 담임목사

저자 김한요 목사님은 이민 생활하시는 성도님들의 애환을 잘 헤아리며 말씀을 전하시는 분입니다. 그리고 청중들에게 가장 필요한 것이 십자가 복음이라는 사실을 잘 알고 말씀을 전하시는 분입니다. 그 목사님께서 전하신 말씀을 글로 묶은 책이라 마음에 잘 와닿습니다. 김한요 목사님께서 전하시는 기쁨의 서신, 빌립보서 강해를 추천합니다.

이찬수 | 분당우리교회 담임목사

책을 읽는다는 것은 저자와의 대화로 초대된다는 것입니다. 기쁨으로 리셋되기 원하는 마음을 가지고 책을 펴고 자리에 앉아 잠시 분주한 삶을 멈춰 보십시오. 그러면 멈춤의 가치를 통해 기쁨의 리셋으로 회복되는 자신을 발견하게 될 것입니다. 그래서 이 기쁨을 전하지 않으면 살 수 없는 참된 그리스도인으로 살아갈 것입니다. 항상 기뻐할 수 있는 비밀을 이 책을 통해 꼭 발견하시기를 축복합니다.

Marc Choi | 뉴저지 온누리교회 담임목사

들어가는 말

첫 생일, 첫 수업, 첫 직장, 첫사랑, 첫 손주, 첫 교회, 첫 예배……. 그것
이 무엇이든 '첫~'을 붙이는 순간 우리는 거기에 신성하고 순수한 의
미를 부여하기 시작합니다. 이처럼 '처음'이라는 단어는 단순히 시간
적 의미보다는 본래 의미들이 부가되면서 새로운 가치와 에너지가
창출됩니다.

　빌립보서는 빌립보라는 도시에 사는 성도들, 감독들, 집사들에
게 쓴 바울의 서신입니다. '처음'과 '빌립보'라는 도시는 긴밀한 관계
가 있습니다.

　바울은 2차 전도 여행을 할 때 지금의 튀르키예, 소아시아를 시계
방향으로 돌았습니다. 복음이 진행되는 방향이 어쩌면 동진(東進), 이
란과 모든 스탄 국가들, 중국, 몽골, 러시아를 향해 갈 수도 있었습니다.
그런데 그 방향을 하나님께서 직접 나서서 유럽으로 트신 사건이 마게
도냐 환상 사건입니다. 하나님의 구원 역사, 구속사(救贖史, the history of
redemption)에서 가장 변곡점을 이루는 사건입니다(행 16장 참고). 이 환상
을 보고, 바울과 그 동역자들은 유럽의 땅을 처음 밟습니다. 그리고 복

음이 서진(西進)하는 변곡점이 되는 유럽 대륙에 처음으로 세워진 교회가 빌립보 교회입니다.

여기에는 유럽에 교회가 처음 세워진 시간적 의미보다 더 큰 의미가 담겨 있습니다. 새출발, 복음의 동진이 아닌, 서진을 향한 순종의 첫걸음, 세상 최초로 태어난 교회, 예루살렘 교회의 아픔과 유대인의 핍박과 서러움 속에 대륙을 넘어 다시 교회를 리셋(reset)하며, 하나님의 디자인대로 다시 교회를 재정비, 재개편, 재고정하는, 리셋의 의미가 있습니다.

저는 3년 가까운 코비드19(COVID-19)의 소용돌이 숲에서 빠져나와 새출발하는 포스트 팬데믹(post-pandemic) 교회 사역을 시작하면서, 빌립보서를 묵상하며 교회의 본질과 사명을 붙잡고 씨름했습니다. 예루살렘에서 시작된 교회가 유대주의와 율법주의의 소용돌이를 뛰어넘어 다시 본질로 리셋하는 새 대륙의 새 교회가 바로 빌립보 교회였습니다. 코로나 숲에 잠겨 있다가, 긴 잠에서 깨어나 다시 시작되는 이 땅의 교회들이 첫사랑으로 귀환 명령을 받은 에베소 교회처럼, 다시 교회의 본질로 돌아가라는 명령을 받았습니다. 때때로 컴퓨터도 새 버전(version)으로 업그레이드하여 리셋하듯이, 우리의 가정과 교회도 그리고 우리가 설계하고 있는 앞날도 빌립보서 매뉴얼로 리셋이 필요하다고 생각합니다.

리셋의 첫 시험장이 되어 순종하며 말씀을 붙들어 온 베델교회 성도님들에게 이 지면을 빌려 감사를 드립니다. 그리고 어바인(Irvine)의 리셋 부흥을 예쁜 책으로 편찬하여 세상에 알리도록 배려해 주신 김양재 목사님과 큐티엠에 감사드립니다. 바쁜 와중에도 추천의 글을 아끼지 않으신 목사님들께도 감사의 마음을 전합니다.

2024년 10월
가을의 첫 단풍잎을 사모하는
Irvine 사무실에서
김한요 목사

Contents

PART
1

기쁨의 비밀, 복음으로 리셋!

PART
2

이 생각을 품으라

Part 1

기쁨의 비밀,
복음으로 리셋!

Chapter

1

기쁨의 비밀,
복음으로 리셋!

빌립보서 1장 1절

그리스도 예수의 종 바울과 디모데는 그리스도 예수 안에서 빌립보에 사는
모든 성도와 또한 감독들과 집사들에게 편지하노니 _ 빌 1:1

빌립보(Philippi)의 지정학적 의미

빌립보는 지정학적 의미가 있는 도시입니다. 로마 공화정 말기의 정
치인 브루투스와 카시우스(매제와 처남 사이)가 줄리어스 시저를 암살했
습니다. 셰익스피어의 희곡 〈줄리어스 시저〉에 의하면, 시저가 그때
그의 양아들 브루투스에게 마지막으로 남긴 유명한 말이 '브루투스
너마저!'입니다. 브루투스와 카시우스가 로마의 패권을 쥐기 위해 안
토니우스와 옥타비아누스(훗날 로마제국의 초대 황제 아우구스투스)와 싸웠던
현장이 빌립보입니다. 주전 42년에 빌립보 전투에서 이긴 안토니우

스와 옥타비아누스가 로마제국을 차지합니다.

　　마게도냐에서 최고의 영웅은 뭐니 뭐니 해도 알렉산더 대왕입니다. 빌립보는 그 알렉산더 대제의 아버지 빌립의 이름을 따서 세워진 도시였습니다. 알렉산더가 이른 나이에 죽자, 그리스제국은 나뉘고, 후에 로마제국에 편입됩니다. 빌립보 전투에서 권력을 잡은 아우구스투스 황제는 당연히 빌립보를 로마에 버금가는 도시로 만들고 싶었을 것입니다. 그런데 어디를 보아도 '리틀 로마'와 같은 빌립보에 하나님께서 유럽 대륙의 첫 교회를 세우셨습니다. 예루살렘 교회와 안디옥 교회가 있었지만, 교회의 교회다움을 리셋하시고자 빌립보 교회를 세우신 것입니다. 마찬가지로 하나님은 코로나 팬데믹 이후의 우리에게도 교회의 교회다움을 리셋하길 원하십니다.

　　그런 빌립보 교회에 보낸 편지인 빌립보서에는 '기쁨의 서신'이라는 별명이 있습니다. 빌립보서가 기쁨의 서신이 될 수 있었던 것은 그 배경을 살펴보면 이해할 수 있습니다.

빌립보 교회 설립 멤버 3인

　　사도행전 16장을 보면 사도 바울은 "마게도냐로 건너와서 우리를 도우라"는 마게도냐인의 환상을 보고 유럽으로 건너갑니다. 이후 마게도냐의 첫 성 빌립보에서 기도할 곳을 찾다가 강가에 모여 있는 여자들을 만납니다. 그는 거기에서 말씀을 전할 기회를 갖습니다. 그

중 **루디아**라 하는 여인과 그 외 몇 여인들이 말씀을 받고, 예수를 믿게 됩니다.

루디아는 종교성이 많고, 이미 경건한 여인이었습니다. 하나님에 대한 관심이 많았습니다. 그러나 예수님과 복음을 몰랐습니다. 마치 교양 있고, 착하고 법 없이도 살 수 있는 그런 이웃과도 같습니다. 그러나 복음을 모릅니다. 왜 예수님이 십자가를 지셨는지 모릅니다.

그다음으로 바울은 점치는 **귀신 들린 여종**을 만납니다. 이 여인은 바울을 보자, 계속해서 "지극히 높은 하나님의 종으로서 구원의 길을 너희에게 전하는 자"라 하며 온종일, 그것도 여러 날 바울 일행을 쫓아다니면서 소리를 질러 댑니다. 이에 심히 괴롭힘을 당한 바울이 예수의 이름으로 그 여종에게 들린 귀신을 내어쫓습니다. 그러자 점치는 비즈니스로 이 여종을 통해 돈을 벌던 주인이 이제 돈을 벌지 못하게 된 것을 알고 바울과 실라를 감옥에 잡아넣습니다. 바로 이 여종이 설립 멤버 중 하나가 됩니다. 이 여종은 마치 우울증에 정신 쇠약증, 공황장애에 걸린 현대인의 모습을 대변하는 자 같습니다.

바울과 실라는 유대인이라는 이유로 투옥되었습니다. 이때 디모데와 누가도 빌립보까지 동행했는데, 그들은 유대인이 아니라서 투옥되지 않았던 것 같습니다. 어찌 됐든 바울과 실라는 복음의 메시지를 전했다는 이유로 감옥에서 옷을 벗긴 채 매를 맞습니다. 이렇게 매를 맞고, 감옥 깊은 곳에서 발에는 차꼬까지 차고 다른 죄수들과 함께 밤을 지나는 가운데서도 그들은 기도와 찬송을 했습니다. 간수들은 기도하고 찬송하는 그들을 보며 이상히 여겼을 것입니다. 그런데 갑

자기 큰 지진이 일어나서 지반이 흔들리더니, 옥문이 턱 열립니다. 그리고 발목에 찼던 그들의 차꼬도 풀어집니다.

이때 로마 간수가 무슨 생각을 했는지 모르겠습니다. 하는 일마다 안 풀렸는지, 아니면 아내와 이혼하고 자식들은 전부 다 뿔뿔이 흩어졌는지……. 그의 과거에 대해서 나오지는 않지만 기껏 잡은 직업(job)이 감옥을 지키는 일인데, 죄수들이 다 달아났으니 '되는 일이 하나도 없다'고 생각했을 겁니다. 그래서 자기가 찼던 검을 뽑아서 자결하려고 합니다. 이때 바울이 크게 소리를 칩니다.

"네 몸을 상하지 말라. 우리가 다 여기 있노라."

바울의 말에 그는 신선한 충격을 받습니다. 이때 **간수**가 바울 앞에 나와 무릎을 꿇고 유명한 질문을 하나 던집니다.

"어떻게 하여야 구원을 받으리이까?"

아무 일도 되지 않는 것 같은 그의 삶에 무엇을 해야 구원을 받을 수 있는지 물은 것입니다. 어떻게 해야 우리 가정이 구원을 받을지 우리 대신 물은 것입니다. 그때 바울이 그 유명한 답을 던집니다.

"주 예수를 믿으라 그리하면 너와 네 집이 구원을 얻으리라."

이 간수는 빌립보 교회의 또 다른 설립 멤버가 됩니다.

빌립보 교회를 시작한 소위 '설립 멤버'들이 누구입니까? 교양 있고, 착한 일 많이 하는 중소기업 여사장님 루디아, 노예였고 귀신 들렸던 여인, 그리고 로마 군인 출신의 간수였습니다.

이 세 사람에게서 공통점을 발견할 수가 있습니까?

전도자 4인은 어떻고요? 사도 바울과 두 청년 디모데와 실라, 그리고 의사 선생님 누가……. 아무리 봐도 그 안에서 무슨 선한 것이 나올까 싶은 평범한 네 사람! 겉으로 보기에 별 볼 일 없을 것 같은 그들에게 이미 붙여진 별명이 있었습니다.

> …… **천하를 어지럽게 하던 이 사람들**이 여기도 이르매 These men who have caused trouble all over the world have now come here [NIV] _행 17:6b

이 네 사람이 천하를 어지럽게 하고, 하나님의 교회를 리셋한 것입니다. 이들에 의해 시작된 빌립보 교회가 이제 약 10년쯤 지났습니다. 바울이 복음을 전하다가 또 옥중에 있을 때입니다. 전통적으로 믿기는 이곳을 로마의 감옥으로 보는데, 가이사랴나 에베소 옥중이라고 추측하는 학자들도 있습니다. 바울이 옥에 갇혀 있다는 소식을 들은 빌립보 교회가 헌금을 모아서 바울에게 보냅니다. 그 헌금과 헌물을 가지고 온 사람이 '에바브로디도'입니다. 그런데 이 에바브로디도가 로마에서 선물을 전해 주고는 심한 병에 걸려 앓아눕습니다. 그때 진짜 죽는 줄 알았습니다. 사도 바울의 마음이 어땠겠습니까? 자기를 위해 성도들의 정성을 먼 곳까지 가지고 와서 너무 고마운데, 그 사람이 병에 걸려 당장 죽게 생겼으니 말입니다. 그런데 그가 건강을 회복하고 이제 다시 빌립보로 돌아가려는 참에 바울이 그의 손에 이 빌립보 서신을 쥐여 준 것입니다.

이것이 빌립보서의 배경입니다. 그러니 바울이 빌립보 교회를 생각할 때 얼마나 애틋했겠습니까? 바울은 아마 빌립보 교회 성도들만 생각해도 마음이 흐뭇했을 것입니다. 또 자신이 세운 교회라 빌립보 교회를 향한 마음이 남달랐을 것입니다. 그러면서 옥중에서 성도들에게 던진 메시지가 바로 '기뻐하라'였습니다.

옥중 메시지 : 기뻐하라

이러한 배경을 가지고 사도 바울이 옥중에서 빌립보 교인들에게 써 보낸 편지의 내용은 '어떻게 우리가 주 안에서 기뻐할 수 있는가?', '왜 기뻐하며, 어떻게 기쁨을 지켜 갈 수 있는가'입니다.

주 안에서 항상 기뻐하라 내가 다시 말하노니 기뻐하라 _빌 4:4

무턱대고 기뻐하라는 말이 아니었습니다. 기뻐할 이유가 있고, 기뻐해야만 하는 이유가 있기 때문이었습니다. 그것은 복음을 가졌다는 이유였습니다. 예수의 생명을 마음에 가진 자는 기뻐할 수밖에 없다는 것입니다.

사도 바울이 예수 믿기 전에는 어땠습니까? 살기가 등등한 자로서 예수 믿는 자를 죽이기 위해 날뛰던 모습을 상상해 보십시오. 내뱉는 말마다 협박이고, 사람을 죽이기 위해 칼 뽑고 다니던 바울 아닙니까. 그 바울이 이렇게 평온하고 겸손한 자로 변할 수 있었던 원인이 무엇입니까? 그 안에 예수의 생명이 있기 때문입니다.

빌립보 교회의 설립 멤버들도 보십시오. 루디아와 귀신 들린 여종과 로마 간수, 바울이 이들과 함께 조화를 이루며 교회를 세운 것은 복음의 능력입니다. 예수의 생명력이 그 안에 있는 것입니다. 그런데 우리는 이러한 조화 있는 교제와 행복한 기쁨을 소유하는 공동체를 유지하기 위해서는 환경적인 요인이 중요하다고 생각합니다.

교회 생활이 행복하기 위해서 교인들의 수준이 비슷해야 하고, 자체 교회 건물이 있어야 하고, 주차장이 넓어야 하고, 교회터가 좋아야 하고, 목사도 좋아야 하고, 장로도 좋아야 한다고 생각합니다. 그래서 교회의 화목이 깨어지면 환경을 탓하는 것이 우리의 버릇입니다.

우리 가정이 더 행복하기 위해서 어떤 환경적인 요인을 채우려는 것도 있습니다. 돈이 조금만 더 있으면, 이것만 있으면, 1년만 공부를 빨리 끝냈으면, 바가지 긁는 아내만 없었으면, 저 무뚝뚝하고 인정 없는 남편이 조금만 변한다면, 아들만 있으면, 딸 하나만 있으면……. '목사님은 아들, 딸 하나씩 있어서 참 행복하시겠다.' 이렇게 생각하는 분은 우리 애들 빌려 드릴 테니 데려가서 키워 보십시오.

분명한 것은 환경이 아니라, '내 안에 무엇을 가지고 있느냐'입니다. 내 안에 있는 복음의 가치가 모든 것을 지배합니다.

환경을 극복하는 기쁨

먼저 사도 바울이 지금 이 서신을 쓰고 있는 장소가 서재가 아니라 감옥이라는 상황을 고려할 때 그의 환경은 모든 것이 불편한 것뿐이었습니다. 바울은 간질과 안질이라는 지병이 있었습니다. 그러나 그의 글은 긍정적이며 격려로 가득 차 있고, 기쁨으로 넘칩니다.

12 형제들아 **내가 당한 일**이 도리어 복음 전파에 진전이 된 줄을 너희가 알기를 원하노라 13 이러므로 **나의 매임**이 그리스도 안에서 모든 시위대 안과 그 밖의 모든 사람에게 나타났으니_빌 1:12~13

20 나의 간절한 기대와 소망을 따라 아무 일에든지 부끄러워하지 아니하고 지금도 전과 같이 온전히 담대하여 **살든지 죽든지** 내 몸에서 그리스도가 존귀하게 되게 하려 하나니 21 이는 내게 사는 것이 그리스도니 죽는 것도 유익함이라_빌 1:20~21

바울은 행복의 조건이 환경에 있다고 생각하는 사람들에게 '리셋'하라고 말합니다. 그리고 복음이 행복의 가치라고 말합니다. 복음이 이런 것입니다. 빌립보서 3장 8절에 보면, **"예수를 아는 지식이 가장 고상"**하다고 했습니다. 거추장스러운 환경의 조건들이 가장 고상하고, 가장 좋은 것을 가졌기에 overrule(지배, 압도, 무효)하고도 남는 것입니다. 그러므로 그 가치로 기뻐하라는 것입니다.

그런데 우리는 왜 환경 탓을 합니까? 복음의 영광과 축복을 모르기 때문입니다. 예수를 믿어서 받는 복이 어떠한 것인지 아직 잘 모르기 때문입니다. 아이들이 돈 단위의 가치를 모르고, 장난감 인형과 다이아몬드 반지의 가치를 구별하지 못하는 것처럼 말입니다.

몇 해 전 대학생들을 데리고 바하 캘리포니아 지역으로 단기 선교를 다녀온 적이 있습니다. 그런데 그곳으로 가던 중 폭우로 인해 다리가 쓸려 가는 바람에 마지못해 출라비스타 지역의 올리브 교회에 사정을 얘기해서 이틀을 묵게 되었습니다. 갑작스레 일어난 일이라 20명의 대학생이 교회 시멘트 바닥에서 자는 어려움이 있었지만, 그곳에 이틀을 머물며 여름성경학교를 진행했습니다. 선교 현장으로 가기 전에 이미 사역이 진행된 것입니다.

그렇게 2주간의 여름 단기 선교를 마치고 나니 다들 지치고, 새카맣게 타고, 온몸은 벼룩에 물리기도 했습니다. 그런데 모두 '너무 좋았다', '너무 행복했다'고 합니다. 바로 복음의 능력입니다. 그리고 일 년 후 그 일행 중 한 명이 그 지역으로 내려갈 기회가 있어서 출라비스타 올리브 교회에 들렀는데, 그 교회 안에 단기 선교팀 사진이 붙어 있더랍니다. 그리고 그 교회 목사님이 고맙다며 인사말을 전해 주었답니다. 또한 그때 전도된 아이들이 교회를 열심히 다니며 신앙생활을 한다는 소식도 전해 주었습니다. 이런 선교 보고를 하면서 젊은 대학생들이 좋아서 엉엉 울었습니다.

세상 사람들의 기쁨은 무엇입니까? 자녀들이 좋은 대학에 들어가 기뻐하는 정도 아닙니까? 좋은 직장 잡아서 기뻐하는 정도 아닙니까? 성도의 기쁨은 무엇입니까? 복음의 기쁨입니다. 만물의 창조자 되시고 지금도 우주 만물을 다스리는 크신 하나님이 나의 하나님이 되셨다는 기쁨입니다. 이것이 리셋입니다. 예수 그리스도를 통하여 나 같은 죄인이 하나님의 자녀가 되었다는 기쁨이요, 나의 눈물과 아픔도 하나님 앞에서 기억되어졌다는 기쁨입니다. 이것이 리셋입니다. 우리의 하는 일 하나하나도 우연이나 재수에 맡겨진 삶이 아니라 하나님의 사랑의 간섭 속에 지켜지고 있다는 기쁨입니다. 무엇보다 우리의 수고를 복음의 열매로 거두시는 하나님 자체가 우리의 기쁨입니다.

하박국 선지자가 이런 말을 했습니다.

17 비록 무화과나무가 무성하지 못하며 포도나무에 열매가 없으며 감람나무에 소출이 없으며 밭에 먹을 것이 없으며 우리에 양이 없으며 외양간에 소가 없을지라도 18 나는 여호와로 말미암아 즐거워하며 나의 구원의 하나님으로 말미암아 기뻐하리로다 _합 3:17~18

이것이 최고의 기쁨입니다. 복음의 가치로 리셋하면, 한 영혼이 주님을 알아가는 기쁨, 한 영혼이 주님 앞에서 헌신하며 성장해 가는 기쁨, 그리고 그 복음의 가치를 위해 살아가면서 거슬리는 환경에도 굴하지 않는 '전천후의 기쁨'을 소유하게 될 것입니다. 그리스도인의 기쁨으로 리셋되는 것이 항상 기뻐할 수 있는 비밀입니다.

적용질문

✝ 다시 새롭게 출발하기 위해 리셋 버튼을 누르고 싶은 상황이 있었습니까?

✝ 지금의 소아시아(튀르키예)에서 유럽 대륙을 향한 복음의 진전은 빌립보에서 시작됩니다. 빌립보는 어떤 역사를 가진 도시이며, 어느 위치에 있는지 아래의 지도에서 확인해 봅시다(빌 1:1).

† 사도행전 16장 11절 이하에 빌립보에 세워진 유럽 최초 교회의 구성
  원들이 나옵니다. 누구누구이며, 그 구성원의 조합을 통해 우리가 얻
  을 수 있는 교훈은 무엇입니까?

† 마게도냐의 비전을 보고, 복음을 위해 첫발을 내디딘 사람들은 누구
  입니까? 그리고 그들의 별명은 무엇입니까(행 16:2,11,25, 17:6b)?

† 사도 바울이 빌립보서 서신을 쓰게 된 이유가 무엇입니까? 다음 참고 구
  절을 통해 추측해 보십시오(빌 1:12-13, 20-21, 2:25-30, 4:4, 합 3:17-18).

인문학의
첫 번째 질문

빌립보서 1장 1~6절

1 그리스도 예수의 종 바울과 디모데는 그리스도 예수 안에서 빌립보에 사는 모든 성도와 또한 감독들과 집사들에게 편지하노니 2 하나님 우리 아버지와 주 예수 그리스도로부터 은혜와 평강이 너희에게 있을지어다 3 내가 너희를 생각할 때마다 나의 하나님께 감사하며 4 간구할 때마다 너희 무리를 위하여 기쁨으로 항상 간구함은 5 너희가 첫날부터 이제까지 복음을 위한 일에 참여하고 있기 때문이라 6 너희 안에서 착한 일을 시작하신 이가 그리스도 예수의 날까지 이루실 줄을 우리는 확신하노라_빌 1:1~6

생텍쥐페리의 『어린 왕자』에 나오는 글입니다.

어른들이란 숫자를 좋아합니다. 새로 사귄 친구 얘기를 할 때 어른들은 정말로 중요한 것은 묻지 않고…… "몸무게가 얼마나 되느냐", "아버지는 돈을 얼마나 버느냐"는 것만 묻습니다. 어른들에게 "장밋

빛 벽돌 창가에 제라늄 화분이 있고 지붕 위에 비둘기가 있는 예쁜 집을 봤어요"라고 말해도 모른답니다. 어른들에게는 "10만 프랑짜리 집을 봤다"고 말해야 한답니다. 그러면 어른들은 탄성을 내면서 "참으로 훌륭한 집이로구나"라고 말하는 것입니다.

신학의 첫 번째 질문이 '하나님은 누구신가?'라면, 인문학의 첫 번째 질문은 '나는 누구인가?'입니다. 인간의 본질을 밝히는 질문입니다. 나를 어떻게 규정하느냐가 참 중요합니다. 유럽 최초의 교회가 세워진 빌립보, 그 도시에 나타난 바울과 디모데, 그리고 실라와 누가에게 사람들이 묻습니다. "당신들은 누구요?" 그들은 이렇게 대답했을 것입니다.

"우리는 그리스도 예수의 종(노예)입니다."

그리스도 예수의 종 바울과 디모데는 ……_빌 1:1a

여러분은 자기소개를 어떻게 하십니까?

"저는 베델교회 담임목사입니다.", "저는 △△회사 부장 ○○○입니다."

그런데 바울은 '예수님의 종', '예수님의 노예'라고 자신을 소개합니다. 저는 자신이 누군지 아는 것이 바울의 힘이었다고 생각합니다.

내가 이것을 말하거니와 너희가 각각 이르되 나는 바울에게, 나는

아볼로에게, 나는 게바에게, 나는 그리스도에게 속한 자라 한다는
것이니_고전 1:12

그런즉 아볼로는 무엇이며 바울은 무엇이냐 그들은 주께서 각각 주
신 대로 너희로 하여금 믿게 한 사역자들이니라_고전 3:5

바울은 아볼로는 "누구냐"라고 하지 않고, "무엇이며"라고 말합
니다. 그는 '누구'냐보다 '무엇'이냐에 관심이 있었던 것 같습니다. 그
래서 '나는 예수의 종이다'라는 자기 규명이 툭 튀어나온 것입니다. 그
에게는 '누구냐'보다 '무엇을 하는 자인지'가 더 중요했습니다.

우리는 우리를 전파하는 것이 아니라 오직 그리스도 예수의 주 되신
것과 또 예수를 위하여 우리가 너희의 종 된 것을 전파함이라_고후 4:5

바울의 사도 된 사역의 핵심은 자신이 '그리스도 예수의 종'이라
는 것입니다. '노예'라는 표현이 더 정확합니다. 그리고 사람들을 섬김
으로 종이라는 것을 증명한다고 합니다.

한번은 교회학교 전도사님이 너무 속상해하면서, "이제 더는 사
역자로 섬길 수 없을 것 같다"고 했습니다. 왜 그러냐고 물어봤더니, 같
이 섬기는 성도가 "이것 하라, 저것 하라" 하며 자신을 종처럼 부린다는
것입니다. 자기가 '전도사'에다 나이도 많은데 무슨 회사 말단 직원처
럼 부린다는 겁니다.

그래서 제가 "우리가 종인 것이 맞다. 그러나 우리 주인은 예수님이지, 내가 섬기는 대상이 주인이 아니다. 우리 주인이신 예수님이 섬기라고 하시니 서로 **종처럼** 섬기는 것이고, 나의 주인(master)이신 예수님 때문에 그렇게 할 수 있는 것이다"라고 말해 주었습니다.

왜 이런 자기 정체성이 중요할까요?

환경을 뛰어넘어 감사와 기쁨이 리셋되기 때문입니다

3 내가 (감옥 안에서) 너희를 생각할 때마다 나의 하나님께 **감사**하며 4 (감옥 안에서) 간구할 때마다 너희 무리를 위하여 **기쁨**으로 항상 간구함은 _ 빌 1:3~4

보통 감사하려면 어떤 가시적이고 구체적인 조건이 있어야 하는 것 아닙니까? 기뻐하는 것 역시 감정이 유쾌하게 될 조건이 되어야 기쁜 것 아닙니까? 그러나 바울에게 주어진 조건은 '감옥 안에서'입니다. 바울처럼 자기 정체성이 분명하면, 환경을 넘어 감사와 기쁨을 끌어내는 '시각', 즉 새롭게 환경을 보는 각도가 생깁니다. 그 각도에서 보면, 감사와 기쁨이 절로 나오는 것입니다.

12 형제들아 **내가 당한 일**이 도리어 복음 전파에 진전이 된 줄을 너희가 알기를 원하노라 13 이러므로 **나의 매임**이 그리스도 안에서 모

든 시위대 안과 그 밖의 모든 사람에게 나타났으니_빌 1:12~13

인터넷에서 이런 글을 본 적이 있습니다.

10대 자녀가 반항하면

그건 아이가 거리에서 방황하지 않고 집에 잘 있다는 것이고

지불해야 할 세금이 있다면

그건 나에게 직장이 있다는 것이고

파티를 하고 나서 치워야 할 게 너무 많다면

그건 친구들과 즐거운 시간을 보냈다는 것이고

옷이 몸에 좀 낀다면

그건 잘 먹고 잘살고 있다는 것이고

깎아야 할 잔디, 닦아야 할 유리창, 고쳐야 할 하수구가 있다면

그건 나에게 집이 있다는 것이고

정부에 대한 불평불만의 소리가 많이 들리면

그건 언론의 자유가 있다는 것이고

주차장 맨 끝 먼 곳에 겨우 자리가 하나 있다면

그건 내가 걸을 수 있는 데다 차도 있다는 것이고

난방비가 너무 많이 나왔으면

그건 내가 따뜻하게 살고 있다는 것이고

교회에서 뒷자리 아줌마의 엉터리 찬송이 영 거슬렸다면

그건 내가 들을 수 있다는 것이고

…… 그리고 이메일이 너무 많이 쏟아진다면

그건 나를 생각하는 사람들이 그만큼 많다는 것이지요.

직무 해설서(Job description)가 리셋되기 때문입니다

자기 정체성이 분명해지면 내가 해야 할 **직무 해설서(Job description)**
또한 분명하게 리셋됩니다.

너희가 첫날부터 이제까지 **복음을 위한 일**에 참여하고 있기 때문이
라_빌 1:5

우리가 바울이 하는 '복음을 위한 일'에 동참하면, 복음의 일에
참여하는 것입니다. 저는 개업 예배는 어떻게든 제가 인도하려고 합
니다. 가서 확실하게 전하고 싶은 것이 있기 때문입니다. 그것은 '무엇
을 하든지 복음을 위한 일이 되어야 한다'는 점입니다. 부동산을 해도
'복음을 위한 일', 세탁업을 해도 '복음을 위한 일', 경찰관도, 소방관도
'복음을 위한 일', 로펌(law firm)에서 일하는 변호사도, 회사에서 일하
는 컴퓨터 엔지니어도 '복음을 위한 일', 바리스타도 '복음을 위한 일',
레스토랑을 오픈해도 '복음을 위한 일'이 되어야 합니다. '복음을 위
한 일'이 본업이 되어야 합니다.

그리고 '복음을 위한 일'의 결과는 주님께 달려 있습니다.

너희 안에서 착한 일을 시작하신 이가 그리스도 예수의 날까지 이루실 줄을 우리는 확신하노라_빌 1:6

성도는 성과에서 자유한 자이기 때문입니다

완벽주의 성격인 사람은 성과에 따라 흔들릴 때가 많습니다. 자기가 한 일에 대한 성과에 대하여 자유하다는 말이, 무책임함을 이야기하는 것은 결코 아닙니다. 최선을 다하고, 그 결과를 주님께 맡기는 것은 복음이 가진 자유함입니다.

그러면 이 자유함은 어디서 오는 것일까요? 우리가 '성도'인 것을 아는 데서부터 옵니다.

…… **그리스도 예수 안에서** 빌립보에 사는 모든 **성도(saints)**와 또한 감독들과 집사들에게 편지하노니_빌 1:1b

가톨릭에서 'saints'는 성자로, 특별하게 경건하고 탁월한 크리스천을 뜻합니다. 그리고 그들의 공덕을 기리기 위해 'saints'라는 타이틀을 사용합니다. 그러나 바울 서신을 보면 우리 크리스천들을 모두 성도(saints)라고 합니다. 문제 많은 고린도 교회에 편지를 쓸 때도 바울은 그들을 성도라 불렀습니다.

고린도에 있는 하나님의 교회 곧 그리스도 예수 안에서 거룩하여지고 **성도라** 부르심을 받은 자들과 ······ _고전 1:2a

로마에서 하나님의 사랑하심을 받고 **성도로** 부르심을 받은 모든 자에게 ······ _롬 1:7a

영어로 'holy ones', 거룩한 자는 하나님의 일을 위해 **set apart**, '구별해 놓은 자들'을 의미합니다.

예전에 집의 밥그릇을 보면, 할아버지 것, 할머니 것, 아버지 것이 따로 구별되어 있었습니다. 그런 식으로 우리는 예수님의 것입니다. 복음의 일을 위해 구별된 자로 '성도'라 부름을 받은 것입니다. 가톨릭에서는 순교를 했다든지, 엄청난 희생을 참아 내면서 믿음을 지킨 자들에게 붙여지는 거룩한 성호인데, 우리 크리스천들에게 함부로 붙여지는 것 같다고는 하지만, 성경이 우리를 그렇게 부르고 있습니다.

분명한 점은 우리가 자격이 되기 때문에 '성도'라 부름을 받는 것은 아니라는 것입니다(여기서 가톨릭과 교리의 차이점이 있습니다). 우리의 행위로 얻어 낸 타이틀이 아니라, 은혜로 그렇게 불리는 것입니다.

그것을 어떻게 알 수 있을까요?

본문을 자세히 보면 "그리스도 예수 안에서"가 단서입니다. 'in Christ', 그리스도 안에 있으면 가능한 것입니다. 그래서 누구 안에 있느냐가 너무 중요합니다.

아담 안에서 모든 사람이 죽은 것 같이 **그리스도 안에서** 모든 사람
이 삶을 얻으리라 _고전 15:22

즉 아담이 실패한 것을 그리스도께서 전부 회복하기 위해서 오
셨다는 뜻입니다. 실패한 아담이 상징하는 바가 무엇입니까? 인간적
유토피아, 이성, 합리, 이데올로기, 번영, 도덕과 윤리······ 이 모든 것
이 실패입니다. 이런 것들이 이루어졌다고 구원되는 것이 아닙니다.

그런즉 누구든지 **그리스도 안에 있으면** 새로운 피조물이라 이전 것
은 지나갔으니 보라 새 것이 되었도다 _고후 5:17

그리스도 안에서 이 모든 것이 가능합니다. 아멘!

우리가 그를 전파하여 각 사람을 권하고······ 가르침은 각 사람을 그
리스도 안에서 완전한 자로 세우려 함이니 _골 1:28

컨퍼런스에 가면 등록 부스에서 등록 확인 후에 한 꾸러미를 받
습니다. 이름표만 받는 줄 알았더니, 볼펜, 노트, 티셔츠, 기념품, 물,
점심 식사권 등······. 그것처럼 그리스도 안에 있으면 구원만 받는 것
이 아닙니다. 인격, 교양, 도덕, 윤리, 번영, 인간답게 사는 것 등등이
같이 따라옵니다.

이것이 바로 베델교회가 지향하는 목표입니다. 주일에 교회 나

왔다는 걸로 만족하는 것이 아니라, 제자 훈련을 하고, 학교를 하고, 영성 사역들을 비롯해 여러 사역을 하는 것은 그리스도 안에서(in Christ) 이 모든 패키지가 가능하기 때문입니다.

In the church? 여러분은 교회 안에 있습니까? 그것도 물론 중요합니다. 그러나 저의 질문은 그리스도 안에 있느냐는 것입니다. 차고 안에 있다고 다 자동차가 되는 것이 아니고, 병원 안에 있다고 다 의사와 간호사가 되는 것이 아니듯이, 교회 안에 있다고 다 그리스도 안에 있는 것이 아닐 수도 있습니다. 레스토랑 안에 있어도 영양실조에 걸릴 수 있듯이, 교회 안에서 은혜의 공급을 받지 못하면 영적 영양실조에 걸릴 수 있습니다.

성도 여러분! 그리스도 안에 거하면서 은혜를 받읍시다. 은혜를 누립시다. 그것이 진정, 결과에서 자유로운 자가 되는 길입니다.

적용질문

† 각자의 명함을 꺼내서 나눕시다. 명함이 없으면, 어떤 내용을 명함에 넣을지 생각하며 자기소개를 해 봅시다.

† 바울은 자신을 어떻게 소개합니까? 우리가 자신을 소개하는 것과 어떤 차이가 있습니까(빌 1:1a, 고전 1:12, 3:5, 고후 4:5)?

† 바울과 같은 정체성의 규명이 나에게 어떤 영향을 미칠까요?
- ( )을 뛰어넘어 ( )와 ( )이 리셋된다(빌 1:3~4).
- ( )가 리셋된다.
  "너희가 첫날부터 이제까지 ( )에 참여하고 있기 때문이라"(빌 1:5).
- ( )에서 자유한 자이다(빌 1:1b).

† 우리 크리스천의 소속을 가장 잘 설명한 단어는 무엇일까요(롬 1:7a, 고전
1:2a, 15:22, 고후 5:17, 골 1:28)? 나는 어디에 속했는지 나누어 봅시다.

· "그리스도 예수 (   ) 빌립보에 사는 모든 (   )와 또한 감독들과
집사들에게 편지하노니"(빌 1:1).

· "그런즉 누구든지 그리스도 (   ) 있으면 새로운 피조물이라. 이전
것은 지나갔으니 보라 새 것이 되었도다"(고후 5:17).

· "우리가 그를 전파하여 각 사람을 권하고…… 가르침은 각 사람을 그
리스도 (   ) 완전한 자로 세우려 함이니"(골 1:28).

이 안에
너 있다

빌립보서 1장 7~8절

7 내가 너희 무리를 위하여 이와 같이 **생각(feel)**하는 것이 마땅하니 이는 너희가 내 **마음**에 있음이며 나의 매임과 복음을 변명함과 확정함에 너희가 다 나와 함께 은혜에 참여한 자가 됨이라 8 내가 예수 그리스도의 **심장**으로 너희 무리를 **얼마나 사모**하는지 하나님이 내 증인이시니라_빌 1:7~8

배우 박신양과 김정은이 주인공으로 연기한 〈파리의 연인〉 드라마에서 히트 친 유행어가 있습니다. "애기야, 가자." 그리고 흉내 안 내 본 사람이 없다던 "이 안에 너 있다 ……." 그런데 이 대사가 실은 이 본문에서 따온 것 같다는 생각이 듭니다.

It is right for me to feel this way about all of you, **since I have you in my heart** ……_Philippians 1:7a [NIV]

바울이 빌립보 성도들에게 하는 고백입니다.

"이 안에 당신들 있다!"

바울을 보면서 '목회자가 교회를 향해 이런 고백이 가능하구나' 하는 생각이 듭니다.

생각과 느낌

7절에서 바울이 빌립보 성도들을 **생각**하는 것이 마땅하다고 했는데, NIV 성경에서는 생각을 'feel'이라고 번역했습니다. think와 feel은 다른데, 이상하지 않습니까? '생각한다'는 헬라어 원어 φρονεῖν (프로네인)으로 문자적으로는 '생각'이 맞습니다. 그러나 NIV의 번역은 의도적이라고 생각합니다. 왜냐하면 이 '생각'이 앞뒤 전후를 논리적으로 따지는 이성적(reason) 생각이 아니라, 감정이 흠뻑 담긴 생각이기 때문입니다. NIV 성경에서 feel로 번역했기에 그다음에 '이 안에 너 있다'라고 말하는 부분이 완벽하게 이해가 되는 것입니다. "I have you in my heart." 목회자와 성도 간의 끈끈한 사랑과 삶을 나누는 모습입니다. 바울은 다른 서신에서도 이렇게 쓰고 있습니다.

> 우리는 그리스도의 사도로서 마땅히 권위를 주장할 수 있으나 도리어 너희 가운데서 유순한 자가 되어 **유모가 자기 자녀를 기름과 같이 하였으니 like a mother caring for her little children** [NIV]_살전 2:7

엄마가 아이를 돌보는 것과 같은 사랑의 관계를 의미합니다. 관계가 좀 서먹했던 고린도 교회 성도들에게는 다음과 같이 말합니다.

2a 마음으로 우리를 영접하라 Make room for us in your hearts [NIV] …… 3 내가 이 말을 하는 것은 너희를 정죄하려고 하는 것이 아니라 내가 이전에 말하였거니와 **너희가 우리 마음에 있어 함께 죽고 함께 살게 하고자 함이라**_고후 7:2a~3

너희 마음에 우리가 들어갈 공간(room)을 만들어라, 그러면 '이 안에 너 있다'는 말을 할 수 있겠는데, 그 말은 결국 복음 안에서 함께 죽고, 함께 사는 관계가 되자는 뜻입니다. 그렇다면 어떻게 우리 마음에 이 공간을 만들 수 있을까요?

사도 바울 하면 우리는 뭔가 엄하고, 강인한 원리 원칙주의자, 어떤 시련에도 굴하지 않는 주님의 향한 헌신, 그리고 순교…… 이런 이미지들이 떠오르지 않습니까? 예수님을 만나기 전에 바울은 스데반 집사를 죽인 사람, 다메섹 크리스천들을 잡기 위해 살인 면허장을 들고 살기등등했던 자 아니었습니까. 하지만 예수님을 만나고는 그 주님을 전하기 위해 돌에 맞아 쓰러져도 다시 툭툭 털고 일어나는 강인한 크리스천의 대명사가 되었습니다.

그렇다면 바울의 편지에 로맨스 드라마의 대명사라 할 수 있는 〈파리의 연인〉 주인공의 대사가 등장하는 이유는 무엇일까요?

고난에 참여했기 때문입니다

…… 이는 너희가 내 마음에 있음이며 나의 **매임**과 복음을 **변명**함과 **확정**함에 너희가 다 나와 함께 은혜에 **참여한 자가 됨**이라_ 빌 1:7b

빌립보 성도들이 바울과 함께 매임(chains), 변증(defending), 그리고 확정(confirming)으로 대변되는 모든 힘든 과정에 참여(koinonia)했다는 것입니다. 참여는 영어로 "**sharing**(나눔)" 그리고 성경 원어인 헬라어로는 "***koinōnia***(코이노니아)"입니다. 좋은 것만 나눈 것이 아니라, 고생도 함께 나누는 일에 참여했다는 것입니다. 힘든 일을 함께한 동료들끼리는 '전우애'가 생기지 않습니까. '전우애'란 같이 총칼 들고 목숨 걸고 적과 싸운 친구들 간의 사랑을 일컫습니다. 말로 표현이 안 되는 끈끈한 사랑입니다. 그것이 바울과 빌립보 교인들 사이에 있었고, 바울은 그것을 "은혜의 코이노니아"라고 했습니다. 한마디로 고생도 은혜라는 것입니다. 그리고 그 고생을 같이 겪으면서 복음을 위한 쇠사슬의 매임, 복음의 수호와 확인을 위한 수많은 능선을 넘고 넘어온 복음의 '전우'들이 바로 빌립보 성도들이라는 것입니다.

제가 섬기는 베델교회에 힘든 사역을 하는 팀들의 쫑파티에 가 보면, 정말 분위기가 장난이 아닙니다. 자기 팀을 누가 건드리기라도 하면 가만히 안 있을 것 같습니다. 함께 고생을 겪었기에 그 정도로 팀워크가 대단합니다(아마 지난 코로나 시기에 방역팀, 예배팀, 카페 및 식당팀 등에는 정말 이런 전우애가 생겼을 것입니다).

어떤 분은 "우리에게 '바울' 같은 목회자가 있다면 우리도 빌립보 성도들처럼 고난에 참여할 것이다"라고 변명하지만, 바울이 모든 교회에서 존경과 사랑을 받은 것 같지는 않습니다.

그들의 말이 그의 편지들은 무게가 있고 힘이 있으나 그가 몸으로 대할 때는 약하고 그 말도 시원하지 않다 하니 For some say, "His letters are **weighty and forceful**, but in person he is **unimpressive** and **his speaking amounts to nothing**" [NIV]_고후 10:10

카리스마가 있는 지도자가 감옥에 갇혀 있으면 그를 따르던 사람들이 다른 지도자에게 줄 서지 않겠습니까? 그런데 빌립보 교회는 그렇지 않았습니다. 세상에서도 의리를 지키는데, 예수 믿는 사람들이 의리도 못 지켜서 눈살 찌푸리는 일들이 얼마나 많습니까?

"편할 때 헌신하는 성도를 보기 어렵고, 어려울 때 믿을 만한 성도를 보기 어렵다(Modern Christians tend to be uncommitted when the times are good and unreliable when the times are bad)"라는 말이 있습니다.

요즘 성도들의 신앙생활 좌우명으로 오르내리고 있는 말이 무엇인 줄 아십니까? '적당히'랍니다. 교회가 어렵고, 힘을 써야 하고 희생이 요구되는 순간에 자리를 옮기는 자들이 있습니다. 물론 하나님의 부르심이 있을 때 옮길 수 있습니다. 그러나 조금 불편하다고 그 자리를 회피하면 안 됩니다. 내가 맡은 사역이 좀 힘들다고 그냥 쉽게 손을 놓아 버리는 '적당히 크리스천'이 되지 마십시오. 저는 그런 분을 '얌

체 크리스천'이라 부릅니다.

그러나 빌립보 성도들은 바울과 함께, 그가 함께하든지 부재중이든지 복음을 위한 일에 산전수전 공중전 다 겪으면서 복음의 전우애를 키워 왔다고 할 수 있습니다. 이때 할 수 있는 말이 '이 안에 너 있다'입니다.

또 한 가지 '이 안에 너 있다' 할 수 있는 이유는 무엇일까요?

하나님 은혜입니다

······ 너희가 다 나와 함께 **은혜**에 참여한 자가 됨이라 all of you share in **God's grace** with me [NIV] _빌 1:7b

바울은 자기가 매여 있는 상황에서도 빌립보 성도들이 "하나님 은혜에 참여한 자들"이라고 말합니다. 그냥 '좋은 게 좋은 거다'라고 말하는 것이 아닙니다. '이 안에 너 있다'가 되려면 '하나님 은혜'가 전제되어야 한다는 것입니다. 상황이 어떠하든지 '우리가 하나님 은혜를 나누는 자가 되었다'는 겁니다.

우리는 어떻게 모든 것을 함께 나누는 '참여자'가 되었나요? '아시안 혐오 반대 운동'이라는 사회적 공통 관심사가 있어서요? 그것도 좋은 일입니다. 같은 고향, 같은 학교 출신이라서요? 그것도 이해할 만합니다. 그러나 그것들은 우리를 끝까지 모든 것을 함께 나누고 참여하는 자로 끌고 갈 힘이 없습니다. 오직 우리를 향한 하나님의 쏟아 부어지는 은혜를 공유한 자들만이 상황이 어려워도 고생도 무릅쓰고 끝까지 복음을 위해 동고동락합니다. 함께 죽고 함께 사는 자가 되는 것입니다. 바울의 고백을 들어 보십시오.

> 내가 예수 그리스도의 **심장**으로 너희 무리를 **얼마나 사모**하는지 하나님이 내 증인이시니라_빌 1:8

"하나님이 내 증인"이라는 표현은, 우리 식으로 이야기하면 '다른 사람은 몰라도, 이 세상 사람은 몰라도 하나님은 아신다'는 뜻입니다. 무엇을요? 빌립보 성도들이 바울의 마음에 있다는 것, 바울이 성도들을 얼마나 주 안에서 사모하는지 하나님이 다 아신다는 것입니다.

> 내가 **너희 보기를 간절히** 원하는 것은 ……_롬 1:11a

> …… 우리가 **너희를 간절히 보고자** 함과 같이 너희도 우리를 간절히 보고자 한다 하니_살전 3:6b

> 네 눈물을 생각하여 **너 보기를 원함은** 내 기쁨이 가득하게 하려 함이니_딤후 1:4

바울이 이렇게 성도들을 보고 싶어 하는 것은, 하나님 은혜를 공유했기 때문입니다. 그는 그것을 이렇게 표현합니다.

"예수 그리스도의 '심장'으로 사모한다." 영어로는 "I long for you with **the affection** of Christ Jesus"입니다.

KJV 성경에서는 심장(affection)을 내장(bowels)으로 번역했습니다. "how greatly I long after you all in **the bowels** of Jesus Christ."

병원에서 수술한 환자들에게 의사들이 물어보는 말이 무엇입니까? "Bowel movement 했습니까?", "방귀를 뀌었냐?"는 말인데 "그리스도의 내장으로 사모했다"라고 하면 좀 그렇죠? 그래서 심장으로 번역한 것 같습니다.

헬라어로는 *σπλάγχνοις*(스플랑크노이스)입니다. 영어의 splanchnotomy(내장 절개)라는 단어가 여기서 나왔습니다. 즉 바울이 예수 그리스도의 창자, 내장(gut)으로 성도들을 사랑한다는 말입니다. 우리 말에 '애'태운다는 말이 있죠? 그때 '애'가 창자인데, 간을 뜻하는 간장이라는 말을 넣어 "예수 그리스도의 애간장으로 너희를 얼마나 사모하는지"라고 하면 더 잘 어울릴 것 같습니다.

가수 김세환이 부른 〈좋은 걸 어떡해〉의 "눈 감으면 떠오르고 꿈을 꾸면 나타나고 안 보면 보고 싶고 헤어지기 싫어지네……" 가사처럼, 바울의 사랑이 바로 그런 사랑입니다.

그래도 사랑이 안 된다고 하는 분을 위해 C. S. 루이스의 글을 소개합니다.

그냥 앉아서 사랑하는 감정을 의도적으로 만들려고 하는 것은 잘못된

생각입니다. 내가 이웃을 사랑하느냐 아니냐 가리려고 시간을 낭비하지 마십시오. 법칙은 간단합니다. 사랑하는 것처럼 행동하십시오. 그렇게 하는 순간, 아주 큰 비밀 하나를 발견할 것입니다. 그것은 누군가를 사랑하는 것처럼 행동할 때, 그 사람을 기쁘게 사랑하게 될 것이라는 것입니다.

It would be quite wrong to think that the way to become loving is to sit trying to manufacture affectionate feelings. The rule for us all is perfectly simple. Do not waste time bothering whether you "love" your neighbour; act as if you did. As soon as we do this we will learn one of the great secrets. When you are behaving as if you loved someone, you will presently come to love them. [1]

주일학교에서 우리가 많이 부르는 찬양이 있습니다. "주의 사랑으로 사랑합니다, 주의 사랑으로 사랑합니다. 형제 안에서 주의 영광을 보네. 주의 사랑으로 사랑합니다." 이것이 기쁨으로 리셋하는 것입니다. 이것이 성도 안에서 가능한 사랑입니다.

---

1) C. S. Lewis, *Mere Christianity* (1943; repr., New York: Touchstone, 1996), 116.

오직 우리를 향한
하나님의 쏟아부어지는 은혜를 공유한 자들만이
상황이 어려워도 고생도 무릅쓰고
끝까지 복음을 위해 동고동락합니다.
함께 죽고 함께 사는 자가 되는 것입니다.

 적용질문

† 요즘 자주 생각나는 사람이 있습니까?

† 바울은 빌립보 성도들을 늘 생각했나 봅니다. 어떻게 그 마음을 표현하고 있습니까(빌 1:7a, 살전 2:7, 고후 7:2a~3)?

· " …… 너희가 (   )에 있음이며 …… "(빌 1:7b).

· "내가 예수 그리스도의 (   )으로 너희 무리를 (   ) 하나님이 내 증인이시니라"(빌 1:8).

† 빌립보 성도들이 바울과 함께 온갖 고난에도 동참한 것을 어떻게 알 수 있습니까(빌 1:7b)?

† 바울은 빌립보 성도들을 어떻게 말합니까?

　· " …… 너희가 다 나와 함께 (　　　　) 참여한 자가 됨이라"(빌 1:7b).

† 은혜를 받으면, 즉시로 같은 은혜를 받은 자들과 공동체 의식을 갖게
　됩니다. 바울은 예수 그리스도의 (　　　　)으로 빌립보 성도들을 사랑
　하게 되었다고 말합니다(빌 1:8). 우리가 같은 믿음의 형제자매를 사랑하
　는 이유와 그 동력이 무엇인지 생각해 봅시다(롬 1:11a, 살전 3:6b, 딤후 1:4).

Chapter

4

기도의
고도를 높여라!

빌립보서 1장 9~11절

9 내가 기도하노라 너희 사랑을 지식과 모든 총명으로 점점 더 풍성하게 하
사 10 너희로 지극히 선한 것을 분별하며 또 진실하여 허물 없이 그리스도의
날까지 이르고 11 예수 그리스도로 말미암아 의의 열매가 가득하여 하나님의
영광과 찬송이 되기를 원하노라_빌 1:9~11

고백 그 이후

내가 기도하노라 ……_빌 1:9a

"내 안에 너 있다, I've got you in my heart"라는 사랑 고백 이후, 바
울이 보여 주는 것이 무엇일까요? 바로 '기도'입니다. 뭔가 사랑 고백
후에 새로운 것을 기대한 분들에게는 김이 샐 수도 있지만, 한번 이야

기를 좀 들어 보시기 바랍니다. 사도 바울이 빌립보 교회 성도들에게 "내 안에 당신들 있다"라고 고백한 이후 "내가 (너희를 위해) 기도하노라" 한 것입니다.

"목사님, 사역하다가 너무 힘들고, 포기하고 싶을 때, 제가 기도하고 있다는 것을 잊지 마십시오."

이런 메시지를 받으면 얼마나 감사하겠습니까? 정말 이분이 나를 사랑한다는 것을 확신하게 되지 않겠습니까. 사랑 고백을 받은 이후, 그 사랑의 진실을 확신하게 된다면, 그를 위해 기도하지 않을까요? 자녀들을 사랑하면 자녀들을 위해 기도하듯이, 배우자를 사랑하면 배우자를 위해 기도하듯이, 교회를 사랑하면 교회를 위해 기도하듯이, 사랑 고백의 구체적인 행동은 기도로 나타납니다.

빌립보 교회 성도들을 향한 바울의 사랑도 기도로 나타납니다. 저는 바울의 기도를 묵상하면서 '기도에도 고도가 있구나', 다른 말로 표현하자면 '수준이 있다'라는 생각이 들었습니다. 그럼 바울이 한 기도의 고도는 어느 정도였을까요?

사랑이 더 풍성

…… 너희 **사랑**을 지식과 모든 총명으로 점점 더 풍성하게 하사

_빌 1:9b

바울은 사랑(*agapē*)이 풍성해지기를 기도하는데, '지식과 모든 총명(in knowledge and in depth of insight),' 이 두 가지 방법으로 사랑이 풍성해지기를 기도합니다.

여기서 **지식**은 단순히 공부를 많이 해서 얻어지는 '머리 지식'이 아닙니다. 하나님이 드러내신 계시로 인해 얻어진 지식을 말합니다. 하나님이 그분의 자녀들에게 성령 안에서 계시로 드러내어 알게 된 '계시 지식'입니다. '계시 지식'이라는 말이 어렵게 느껴질 수 있지만, 이는 곧 하나님과 친해서 알게 된 지식을 뜻합니다. 우리가 가진 지식 중에도 소위 많은 리서치를 통해 확보한 지식도 있지만, 그 사람과 친해서 알게 된 지식도 있지 않습니까? 다시 말해서 하나님과 친근한 관계 안에서만 알 수 있는 지식이라는 말입니다.

우리가 한 연예인에 대하여 많은 정보를 알아도 개인적으로는 전혀 모를 수 있습니다. 그처럼 하나님에 대한 많은 정보를 가지고 있어도 하나님을 모를 수 있습니다.

나의 계명을 지키는 자라야 나를 사랑하는 자니 나를 사랑하는 자는 내 아버지께 사랑을 받을 것이요 나도 그를 사랑하여 **그에게 나를 나타내리라**_요 14:21

주님이 나타나신다는 것이 무슨 의미입니까? 내 눈으로 보이듯이 나타나신다는 뜻입니까? 우리가 예배할 때마다 주님의 임재가 이 가운데 있기를 기도하며 주님을 초대합니다. 한마디로 주님이 나와 함께하시는 것입니다.

이를테면 내가 말씀을 듣고 그 말씀대로 살아보려고 애쓰는데, 주님이 찾아오시고 자신을 나타내시는 것입니다. 하나님에 대하여 귀로만 듣다가 눈으로 그분을 만나게 되는 것입니다.

제가 가끔 듣는 말이 "목사님, 연예인 같으세요"입니다. 늘 제가 강대상에 서 있는 모습만 보고, 또 코로나 팬데믹 때는 온라인으로만 저를 보았으니 그렇습니다. 그런데 저랑 마주 앉아 밥을 한번 먹고 나면, 그분에게 저는 더 이상 연예인이 아닙니다. 고기도 미디움, 미디움 웰던, 웰던 중에 무엇을 즐겨 먹는지 저에 대해 잘 알게 됩니다. 이처럼 하나님과도 그런 인격적인 친근함이 찾아오도록 기도하는 것입니다.

모든 총명

…… 너희 사랑을 지식과 **모든 총명**으로 점점 더 풍성하게 하사

_빌 1:9b

모든 총명은 '깊은 통찰력'을 말합니다. '모든'이란 말을 주목하십시오. "in depth of insight"은 헬라어로 *aisthēsis*(아이스테시스), 또 다른 영어 표현으로는 'perception' 혹은 'discrimination'으로 번역됩니다. 도덕적이고 바른 판단을 할 수 있는 능력이라고 할 수 있습니다. 이 총명이 어디서 옵니까? 하나님의 말씀을 배우는 데서 옵니다.

그런데 바울은 왜 여기서 그냥 총명이 아니라, '**모든**' 총명이라고 했을까요? 그것은 그냥 한 번의 성경 공부를 통해 얻어지는 총명이 아니기 때문입니다. 하나님의 말씀을 'whole counsel of God' 총체적으로 배울 때 오는 것임을 시사합니다.

다음은 사도 바울이 밀레도에서 에베소 장로들을 만났을 때 한 말입니다.

> 이는 내가 꺼리지 않고 하나님의 뜻을 다 여러분에게 전하였음이라
> **for I did not shrink from declaring to you the whole counsel of God** [ESV] _행 20:27

말씀을 받을 때 기름종이가 되지 마시고 페이퍼타월이 되시기 바랍니다. 총체적 말씀에 적셔질 때, 깊은 통찰력과 도덕적 판단력이 분명해지면, 오리무중 같은 상황에서도 하나님의 뜻을 찾아갈 수 있습니다.

총체적 하나님 말씀에 적셔져서 나오는 '모든 총명'으로 분별력 있게 행하십시오. 설사 현재 사회적 이슈와 대치되고 어려움을 당해도 소신껏 말씀이 주신 '모든 총명'으로 결단하고 행해 보십시오. 세상을 향하여 정죄하며 시니컬하게 사는 대신 계속 믿음으로 살면서 말씀이 가르쳐 준 가치관대로 사는 성도들의 삶을 보여 주십시오. 그리할 때 교회를 비판하던 자들도 결정적인 순간에 교회를 향해 달려올 것입니다.

지극히 선한 것

너희로 지극히 선한 것을 분별하며 to discern what is best 또 진실
하여 허물 없이 그리스도의 날까지 이르고_빌 1:10

분별력을 이야기하면서 바울은 세 번째 업그레이드 내용에 '지
극히 선한 것'을 분별하도록 기도하고 있습니다. 이것은 그냥 나쁜 것
들 중에 좋은 것을 고르는 수준이 아니라, 좋은 것들 중에 최고를 고르
는 분별력을 말합니다.

언제 우리에게 이런 분별력이 절대적으로 필요할까요? 배우자
를 고를 때? 사업파트너를 정할 때? 계약을 할 때? 물건을 고르는 것
이라면 어느 정도 위조품만 조심하면 될 것 같은데 사람을 정할 때는
그냥 좋은 사람이 아니라, 최고를 골라야 합니다.

배우자가 크리스천이면 다입니까? 크리스천처럼 살아야 합니다.

본문에 '분별', *δοκιμάζειν*(도키마제인)이라는 말은 '점검하다, 확인
하다, 증명하다'라는 뜻입니다. 특히 당시 동전을 확인할 때 쓰인 단어
라고 합니다. 혹은 도자기가 쓸 만한 그릇인지 점검하는 것을 말합니
다. 이 확인 작업을 통과한 동전만 통상 사용하는 화폐가 되고, 사용하
는 그릇이 됩니다.

본문의 '진실'도 영어로 pure인데 헬라어의 햇빛을 말할 때 쓰는
단어에서 나왔다고 합니다. 즉 어떤 물건이 흠이 있는지 없는지 햇빛
에 비추어 확인하듯이, 우리의 인격을 하나님의 불꽃, 햇빛과 같은 밝

음에 비추어 확인하라는 것입니다. 옷 가게에 걸려 있는 이 옷의 색깔이 진짜 색깔인지 확인하기 위해 햇빛에 나가 비춰 보듯이 우리가 그렇게 확인되는 인격이 되도록 기도하는 것입니다.

앞으로 여러분이 일터에 나가 수많은 사람을 만나고, 비즈니스 거래를 하고, 투자를 하고, 계약을 하고 무슨 일을 하든지, 이 두 질문을 던지면서 분별하셨으면 좋겠습니다.

첫째, 이것이 옳은 것인가? Is this right? 둘째, 이것이 최선인가? Is this the best?

이혼과 이직의 문제도 그렇습니다. 이것이 옳은가부터 물으십시오. 그 후에 무엇이 최선인지 물으십시오.

그리스도의 날까지

······ 진실하여 허물 없이 그리스도의 날까지 이르고 **may be pure and blameless until the day of Christ** [NIV]_빌 1:10b

그리스도의 날은 마지막 날을 의미합니다. "끝까지" 가겠다는 바울의 열망이 엿보입니다. 부부의 약속이 그러하듯이, 임직하며 하나님 앞에 맹세했던 마음이 그러하듯이, 세례받으며, 새해를 시작하며, 첫 단추를 채우며, 새 구두끈을 묶는 마음이 그러하듯이, "끝까지" 충성되이 가겠다는 마음이 우리의 기도 제목이 되었으면 좋겠습니다.

예수 그리스도로 말미암아 의의 열매가 가득하여 하나님의 영광과 찬송이 되기를 원하노라_빌 1:11

저도 이렇게 기도합니다. 여러분의 삶이 그리스도의 날까지 온전해지기를 기도합니다. 그리하여 여러분이 남에게 상처를 남기는 자가 아니고, 오히려 진실과 은혜가 넘쳐서 하나님의 영광과 찬송이 되기를 간절히 기도합니다.

하나님의 영광과 찬송

마지막 기도는 하나님의 영광과 찬송이 되기를 원하는 것입니다. 이것은 어쩌면 성도의 삶의 최종 목적입니다.

웨스트민스터 소요리문답 제1문, Shorter Westminster Catechism: What is the chief end of man(무엇이 사람의 첫째 되는 목적인가)? The chief end of man is to glorify God and enjoy him forever(하나님을 영화롭게 하고 그분을 영원히 즐거워하는 것이다).

사도 바울이 빌립보 교회 성도들을 너무 사랑하고, 그들을 마음에 품고 하는 기도의 고도가 무엇입니까?

궁극적으로 한 사람 한 사람이 하나님의 영광과 찬송이 되기를 원한다는 것입니다. 그리고 이것은 저의 소원이기도 합니다.

성도님들의 가정이 하나님께 영광과 찬송이 되기를 원합니다.

자녀들의 진학과, 여러분의 비즈니스의 형통함이 하나님께 영광과 찬송이 되기를 원합니다.

　이렇게 우리의 기도의 고도를 업그레이드하십시오. 우리가 기도하는 내용이 우리 인격의 고도이고, 신앙의 고도입니다.

총체적 하나님 말씀에 적셔져서 나오는
'모든 총명'으로 분별력 있게 행하십시오.
설사 현재 사회적 이슈와 대치되고 어려움을 당해도
소신껏 말씀이 주신 '모든 총명'으로
결단하고 행해 보십시오.
그리할 때 교회를 비판하던 자들도
결정적인 순간에 교회를 향해 달려올 것입니다.

적용질문

† 바울이 빌립보 성도들을 사랑하는 마음이 기도라는 구체적인 사랑의 행위로 나타납니다. 사랑하면 기도한다는 말이 맞습니다. 사랑한다면서 나의 기도 속에 없는 사람이 있습니까?

† 바울의 첫 번째 기도 제목은 무엇입니까? 괄호를 채우고, 그 의미를 적어 봅시다.
  · "내가 기도하노라 너희 사랑을 (   )과 모든 (   )으로 점점 더 풍성하게 하사"(빌 1:9).

† 바울의 두 번째 기도 제목은 무엇입니까?
  · (   )을 분별하는 것입니다(빌 1:10a).
    나의 분별력을 위해 절실히 기도하고 있습니까? 분별하기 위해 던져야 할 두 가지 질문은 무엇입니까?

† 바울의 세 번째 기도 제목은 무엇입니까?

  · 우리가 (   ) 그리스도의 날까지 이르는 것입니다

  (빌 1:10b).

† 바울의 마지막 기도 제목이 무엇인지 아래의 빈칸을 채우며, 우리의 신
  앙의 고도를 높이는 기도 제목으로 삼으시기 바랍니다.

  · "예수 그리스도로 말미암아 의의 열매가 가득하여 하나님의 (   )

    과 (   )이 되기를 원하노라"(빌 1:11).

5

떠밀린 기쁨

빌립보서 1장 12~18절

12 형제들아 내가 당한 일이 도리어 **복음 전파에 진전**이 된 줄을 너희가 알기를 원하노라 13 이러므로 나의 매임이 그리스도 안에서 모든 시위대 안과 그 밖의 모든 사람에게 나타났으니 14 형제 중 다수가 나의 매임으로 말미암아 주 안에서 신뢰함으로 겁 없이 하나님의 말씀을 더욱 담대히 전하게 되었느니라 15 어떤 이들은 투기와 분쟁으로, 어떤 이들은 착한 뜻으로 그리스도를 전파하나니 16 이들은 내가 복음을 변증하기 위하여 세우심을 받은 줄 알고 사랑으로 하나 17 그들은 나의 매임에 괴로움을 더하게 할 줄로 생각하여 순수하지 못하게 다툼으로 그리스도를 전파하느니라 18 그러면 무엇이냐 겉치레로 하나 참으로 하나 무슨 방도로 하든지 전파되는 것은 그리스도니 이로써 나는 기뻐하고 또한 기뻐하리라_빌 1:12~18

'복음 전파에 진전(advance)이 되었다'는 말은 바울이 잘 닦여진 신작로, 고속도로를 달리면서 진전했다는 말이 아닙니다. 앞에 장애물이 있는데도 계속 뚫고 가면서 'advance' 되었다는 말입니다. 바울은 이 점을 깨달았기에 감옥에서도 복음을 전할 기회를 찾았습니다. 그리고 기회가 주어질 때마다 복음을 전했습니다. 그래서 감옥에 갇혀 있었어도 '복음이 진전'됐다고 고백한 것입니다.

특별히 바울은 자기가 '당한 일'이라는 표현을 썼습니다. 그렇다면 어떤 장애에도 불구하고 복음의 진전이 있었던 것일까요?

교도소 사역 vs 군 선교

이러므로 나의 매임이 그리스도 안에서 **모든 시위대 the whole palace guard** 안과 그 밖의 모든 사람에게 나타났으니 _빌 1:13

바울은 자신이 '나의 매임' 즉 '교도소'에 들어왔기에 '모든 시위대' 즉 군대 안에 복음의 진전(advance)이 나타났다고 합니다. 시위대는 데모대가 아니라, 궁전수비대, 혹은 황제경호대라고 할 수 있습니다 (F. F. Bruce).[1]

저는 한국에서 비록 군대 경험은 못 했지만, 군인들이 모여서 예배드리는 모습을 보면서 엄청난 에너지를 느꼈습니다. 당시 로마 군인을 전도한다고 생각해 보십시오. 규율이 엄하기로 유명한 로마 군

---

1) Moises Silva 교수는 궁전보다는 군인들 "a body of men"으로 본다고 했지만, 그의 스승인 브루스 교수의 의견이 옳을 수 있다고 서술한다. "Ltf. and Bruce are probably correct that Paul is referring to the emperor's bodyguard" Moises Silva, *Philippians* [the Wycliffe Exegetical Commentary], Moody Press, 70.

대에 들어가 요즘 식으로 '군 선교회'를 만든다고 생각하면, 결코 쉽지 않았을 것입니다. 로마 군인들은 가족을 떠나 야영을 하고, 항상 요새나 기지에서 집단생활을 했습니다. 요새 안에 주둔할 때도 군대 내부의 화장실, 감옥, 망루, 통행로, 가축 막사를 청소하고, 군단 안에서 키우는 말 등을 돌봐야 했고, 밤에는 순찰을 했습니다. 황제경호대 정도 되면 일반 군인보다는 좀 낫겠지만, 아마 군대 속성상 진급하는 데 황제경호대는 선망의 대상이었을 것입니다. 이들은 투옥된 정치범들 및 요주의 인물을 감시하는 일을 맡았습니다. 그런데 그중에 사도 바울이 있었던 것입니다.

군인들 입장에서 조명해 보면, 황제경호대원은 누구에게 묶일 사람들이 아닙니다. 감옥 순찰은 4시간마다 교대했다고 하는데, 일이 끝나면 술집이나 가고, 동료 군인들과 어울리지 않았겠습니까. 이들은 복음을 아무리 전하려고 해도, 도통 관심이 없어서 복음 전하는 자리에 있을 확률이 거의 없는 자들이었습니다. 그런데 하나님이 바울을 죄수로 보내시어, 시위대와 함께 하루 24시간, 6조로 돌아가는 황제경호대를 다 만나도록 하셨습니다. 쇠고랑을 채우고, 꼼짝없이 그들 옆에 붙여 두심으로 그들로 하여금 바울이 전도하는 것을 듣지 않을 수 없게 하신 것입니다.

그러므로 바울의 매임이 "그 밖의 모든 사람"에게도 나타나고, 형제 중 다수에게도 담대함으로 복음을 전하는 결과로 나타났다고 하니 이게 웬일입니까?

13b ······ **그 밖의 모든 사람**에게 나타났으니 14 **형제 중 다수가** 나의 매임으로 말미암아 주 안에서 신뢰함으로 겁 없이 **하나님의 말씀을 더욱 담대히 전하게 되었느니라** _빌 1:13b~14

아내를 늘 교회에 데려다주고는 주차장에서 기다리다가 예배가 끝나면 아내를 데리고 가는 남편이 있었습니다. 그런데 어느 더운 날, 주차장에서 에어컨 때문에 시동을 켜 놓고 있기도 뭐하고, 아내가 "예배당 안은 에어컨이 시원하다. 사람 눈에 안 띄는 기둥 뒤에서 자면 된다" 하며 끌고 들어가는 바람에 남편이 드디어 예배당 안으로 들어갔습니다. 하지만 아무리 잠을 자도 그렇지요. 믿음은 말씀을 들음에서 난다고 하지 않습니까. 시위대 군인이 바울이 다른 사람에게 전파하는 복음을 듣고 예수를 믿게 된 것처럼, 이 남편이 예배당 안에서 졸다가 설교를 듣고 예수를 믿게 된 것입니다. 한국에 있으면 교회 근처도 안 갔을 사람이 미국으로 옮겨져서, 아이들 학교 데려다주고, 아내 교회 데려다주었다가, 더운 날 시원한 예배당에서 '잠이나 자자' 하고 들어왔다가 설교 한 번에 예수를 믿게 된 것입니다.

바울에게 쇠사슬이 복음 전진의 기회가 되었듯이, 한여름의 뙤약볕이 이 남편에겐 예배당 안으로 들어와 복음을 들을 기회가 되었습니다. 외국으로 유학, 이민, 연수를 오게 하셔서 복음을 들을 수밖에 없는 자리에 떨어뜨리는 하나님의 섭리가 여기에 있는 것입니다.

'이들' vs '그들'

16 **이들은** 내가 복음을 변증하기 위하여 세우심을 받은 줄 알고 **사랑으로 하나** 17 **그들은** 나의 매임에 괴로움을 더하게 할 줄로 생각하여 **순수하지 못하게 다툼으로** 그리스도를 전파하느니라_빌 1:16~17

또 다른 갈등과 장애를 뚫고 나타난 복음의 진전은 '이들'과 '그들'의 갈등 속에서 나타납니다. 그런데 여기에 저는 잘 이해가 안 되는 이야기가 나옵니다. 그리스도 예수를 전하는 동기가 바울이 매여 있는 상황을 더 괴롭게 하려는, 순수하지 못하게 다툼으로 하는 '그들'이 있다는 것입니다. 영어로는 그 동기를 "out of envy and rivalry"라고 썼는데, 갈라디아서에서 육체의 일을 열거하는 가운데, 이 '시기'에 대해 나옵니다.

우상 숭배와 주술과 원수 맺는 것과 분쟁과 **시기**와 분냄과 당 짓는 것과 분열함과 이단과_갈 5:20

로마서에서도 천국을 소유하지 못할 자들의 특징을 언급하면서 나오는 것이 '시기'입니다.

곧 모든 불의, 추악, 탐욕, 악의가 가득한 자요 **시기**, 살인, 분쟁, 사기, 악독이 가득한 자요 수군수군하는 자요_롬 1:29

도대체 시기로 그리스도를 전하는 '그들'은 누구일까요?

어떤 학자는 바울을 평소에 싫어한 자들이 정작 자신은 그리스도인도 아니면서 복음을 일부러 전해서 로마 황제에게 기독교가 파급되는 위험성을 느끼게 하려고 했다고 말합니다. 그래서 궁극적으로 바울이 더 곤란해지도록 했다는 의견도 있습니다. 또 어떤 학자는 그들이 그리스도인이기는 한데, 바울에게 라이벌 의식을 가진 자들일 것이라고 합니다. 바울이 감옥 속에 갇혀 자유롭지 못한 상태를 이용해 자신들의 정치적 권력을 늘려 가고자 그랬다는 것입니다. 어느 것 하나 만족스러운 답을 주지는 못하는 것 같습니다.

그러나 하나 분명한 사실은 바울이 어떤 복잡한 인간관계에 본의 아니게 얽혀 있었으며, 자기가 그렇게 신봉한 유대주의를 떠나 순례 전도자가 되어 복음을 전하면서 여러 사람(동족과 이방인)으로부터 많은 위험과 어려움을 당했다는 것입니다. 또 하나 분명한 점은 이러한 문제 속에서도 바울이 불평불만이 없을뿐더러 한 걸음 더 나아가 '그리스도가 전해진다는 사실' 하나로 기뻐했다는 것입니다. 바울은 초긍정의 사람이 아니었을까 싶습니다. 저도 이런 점을 배우려고 합니다. 아니 배우고 있습니다.

그리고 우리가 또 한 가지 주목할 것은 '이들'입니다.

이들은 내가 복음을 변증하기 위하여 **세우심을 받은 I am put** 줄 알고 사랑으로 하나_빌 1:16

바울이 말하기를 자기가 쇠사슬에 매여 있는 상황을 '이들'이 뭐라고 해석했는지 보십시오.

'세우심을 받은'의 **헬라어 κεῖμαι**(케이마이)**는 영어로** "I am appointed", "I am put"[NIV, ESV]입니다. "Paul was put in chains." 수동 태로 쓰였습니다. 바울이 매임 속에 **떠밀려졌다**, 심지어 신약학자인 고든 피(Gordon D. Fee)는 '운명지어졌다'고까지 해석합니다. [2]

그럼 떠민 주체가 누구라는 말입니까? 바로 하나님입니다! God put Paul here! 하나님이 바울을 그곳에 떨어뜨려 놓았다는 것입니다. 하나님이 바울을 감옥에 갖다 놓았다는 뜻입니다. '**이들**'은 바울이 지금 매임 속에 있는 것이 그럼에도 불구하고 하나님이 바울을 놓아 두신 자리요, 바울을 그곳에 두어 하나님이 일하시는 현장인 것을 보고 알았습니다. 지금 내 자리가 하나님이 떠밀어(κεῖμαι) 있게 된 자리라면, 하나님이 그분의 뜻을 이루실 것을 기대하고 '기쁨'을 놓지 않을 수 있습니다.

우리에게 어떤 매임이 있습니까? 그것은 결코 걸림돌이 아닙니다. 복음의 진전을 위해 God put us here! 하나님이 우리를 이곳에 두신 것입니다. 그러므로 아무리 매인 상황에 있더라도 그것이 디딤돌이 될 수 있음을 믿으시기 바랍니다.

그러나 감옥 안에 있는 바울에게 들리는 소식은 그리 좋지 않았습니다. 지금 우리 귀에 들리는 소식도 별로 좋지 않을 수 있습니다.

---

2) Gordon D. Fee, *Paul's Letter to the Philippians*, Wm. B. Eerdmans Publishing Co, 120. "Gk. κεῖμαι which in figurative uses can mean, as it almost certainly does here, "appointed, or destined for" something; cf. 1 Thess 3:3…"

방금 의사에게 들은 말이 가슴 아픈 소식일 수 있습니다. 시댁에서, 친정에서 본가에서 들려오는 말이 가슴 철렁한 소식일 수 있습니다. 그러나 하나님의 논리는 우리의 논리와 다른 것 같습니다. 환경이 내가 원하는 상황이 아니더라도 우리를 그곳에 떠민 하나님을 믿으면 (κεῖμαι! I am put here!) 하나님이 역사하십니다.

정근모 박사가 쓴 책 『나는 위대한 과학자보다 신실한 크리스천이고 싶다』를 읽었습니다. 이분은 경기중과 경기고에 수석 입학하고, 4개월 만에 고등학교 과정을 마치고 검정고시에 수석 합격했습니다. 이후 서울대학교 문리대에 차석 입학하고, 서울대 행정대학원에 수석 입학했습니다. 그리고 1960년 미시간주립(Michigan State) 대학으로 유학 와서 박사학위를 2년 만에 끝내고, 23세의 나이로 플로리다(Florida) 대학의 조교수가 되었습니다. 한국과학원 창시자인 이분은 국제 원자력기구 총회 의장과 과학기술처 장관까지 역임하였습니다. 그런데 이분이 자신의 아들이 만성신장염에 걸리자 하나님 앞에 매달리기 시작합니다. 늘 아픈 아들 때문에 큰 짐을 지고 살았습니다. 그러던 어느 날 기도 중에 "너는 네 아들에 대해 감사해 본 적이 있느냐?"라는 말씀이 들렸습니다. 그때 이런 생각을 했답니다.

어떻게 내 아들에 대해 감사할 수 있습니까? 내 아들은 늘 저에게 근심거리였고, 내가 없으면 지금까지 살 수도 없었습니다. 제가 아들에게 콩팥 하나를 떼어 준 것도 아시면서 그 아들에 대해 감사하라뇨? 적어도 저처럼 늘 수석하고, 모든 일에 인정받고, 부모에게 기쁨을 주는 아들이면 몰라도 어떻게 늘 저에게 짐이 되는 이 아들로 인해서 감사할 수 있습니까?

그런데 이런 마음은 곧 사라지고 대신 이런 생각이 들었답니다.

저는 우수한 성적과 모범적 생활로 부모님을 흐뭇하게 해 드렸지만 그 외에는 아무것도 없었습니다. 그러나 내 아들은 우리 부부에게 신앙에 대한 새로운 눈을 뜨게 해 주었습니다. 기도하는 법을 배우게 했고, 하나님을 찾게 해 주었습니다. 이 아들로 인해 우리 가족이 구원을 받았으니……. 오 주님, 제 아들은 진정한 효자입니다. 저를 구원하기 위해 무거운 짐을 져야 했던 아들에게 감사하겠습니다. 진심으로 제 아들은 효자입니다.

정 박사는 "이런 아들을 주시고, 우리에게 생명을 주신 하나님의 사랑이 얼마나 감사한지, 모든 것이 감사할 뿐"이라고 고백했습니다.

요셉도 감옥 안에 갇혀 억울한 세월을 지냈습니다. 그러나 그는 감옥에 자신을 보내신 이가 하나님이라는 것을 알았습니다. 요셉은 아버지 야곱이 죽은 후, 형들이 '드디어 요셉이 우리에게 앙갚음할 것이라' 걱정하며 용서해 달라고 했을 때 울었습니다(창 50:17). 요셉이 왜 울었을까요? 그가 나중에 한 말을 들어 보면 이해가 됩니다.

20 당신들은 나를 해하려 하였으나 **하나님은 그것을 선으로 바꾸사**

오늘과 같이 많은 백성의 생명을 구원하게 하시려 하셨나니 21 당신들은 두려워하지 마소서 내가 당신들과 당신들의 자녀를 기르리이다 하고 그들을 간곡한 말로 위로하였더라 _창 50:20~21

κεῖμαι(케이마이)*!* I am put here! "떠밀려진" 신앙을 요셉도 가졌던 것입니다.

만성신부전증을 앓던 아들을 통해 하나님의 사랑을 느끼고 확인했다면, 이 세상 그 무엇이 우리를 힘들게 해도 하나님의 사랑에서 우리를 낚아챌 것은 그 무엇도 없습니다. 그래서 사도 바울은 로마서 8장에서 이렇게 고백합니다.

32 자기 아들을 아끼지 아니하시고 우리 모든 사람을 위하여 내주신 이가 어찌 그 아들과 함께 모든 것을 우리에게 주시지 아니하겠느냐 …… 35 누가 우리를 그리스도의 사랑에서 끊으리요 환난이나 곤고나 박해나 기근이나 적신이나 위험이나 칼이랴 …… 37 그러나 이 모든 일에 우리를 사랑하시는 이로 말미암아 우리가 넉넉히 이기느니라 _롬 8:32, 35, 37

하나님이 여기에 우리를 놓아 두신 것입니다! 그러므로 이것을 믿고 넉넉히 이기는 자들이 되십시오. 아멘!

적용질문

† 기대했던 계획이 틀어졌는데, 결과적으로 더 잘된 적이 있습니까?

† 바울은 복음 전파를 위해 살았습니다. 그에게 있어 모든 평가는 복음 전파가 진전(advance)이 되었는지 확인하는 것으로 결정되었습니다. 그가 감옥에 들어가 있는 상황은 당연히 복음 진전에 큰 장애였을 것입니다. 그러나 바울의 매임이 누구에게 복음의 진전으로 나타났습니까(빌 1:12~14)?

　　　• -

　　　• -

　　　• -

† 빌립보서 1장 16절과 17절은 '이들'과 '그들'의 복음 전파의 동기 (motivation)를 대조합니다. 그들은 누구라고 짐작됩니까(빌 1:17, 갈 5:20, 롬 1:29)?

† '이들'은 바울의 매임을 어떻게 해석하고 있습니까? 빌립보서 1장 16절을 한글과 영어 성경으로 자세히 읽고 답해 보십시오(창 50:20~21, 롬 8:32, 35, 37).

 • "이들은 내가 복음을 변증하기 위하여 (   ) 줄 알고 사랑으로 하나"(빌 1:16).

† 내가 지금 처한 상황을 믿음으로 해석해 보십시오.

바울이 살아 있는
세 가지 이유

빌립보서 1장 18~26절

18 그러면 무엇이냐 겉치레로 하나 참으로 하나 무슨 방도로 하든지 전파되는 것은 그리스도니 이로써 나는 기뻐하고 또한 기뻐하리라 19 이것이 너희의 간구와 예수 그리스도의 성령의 도우심으로 나를 구원에 이르게 할 줄 아는 고로 20 나의 간절한 기대와 소망을 따라 아무 일에든지 부끄러워하지 아니하고 지금도 전과 같이 온전히 담대하여 살든지 죽든지 내 몸에서 그리스도가 존귀하게 되게 하려 하나니 21 이는 내게 사는 것이 그리스도니 죽는 것도 유익함이라 22 그러나 만일 육신으로 사는 이것이 내 일의 열매일진대 무엇을 택해야 할는지 나는 알지 못하노라 23 내가 그 둘 사이에 끼었으니 차라리 세상을 떠나서 그리스도와 함께 있는 것이 훨씬 더 좋은 일이라 그렇게 하고 싶으나 24 내가 육신으로 있는 것이 너희를 위하여 더 유익하리라 25 내가 살 것과 너희 믿음의 진보와 기쁨을 위하여 너희 무리와 함께 거할 이것을 확실히 아노니 26 내가 다시 너희와 같이 있음으로 그리스도 예수 안에서 너희 자랑이 나로 말미암아 풍성하게 하려 함이라_빌 1:18~26

찬송가 〈마음속에 근심 있는 사람〉 (새 365장, 통 484장) 4절을 보면 "죽음 앞에 겁을 내는 자여 주 예수 앞에 다 아뢰어라"라는 가사가 있습니다. 박자도 박진감 있어서 신나게 찬송을 부르다가 마지막 절에 "죽음 앞에 겁을 내는 자여……" 찬송하다 보면 '그것이 바로 나인데' 하는 생각이 듭니다. 그래서 좀 심각해져야 하는데, 리듬이 그런 감정을 허락하지 않은 적이 있습니다. 아마 오늘 주시는 말씀도 그럴지 모릅니다.

어느 날 C. S. 루이스가 이렇게 쓰인 묘비를 보았다고 합니다.

"여기에 옷을 잘 차려입고 누워 있지만 갈 곳 없는 무신론자가 있습니다. Here lies an atheist all dressed up, but with nowhere to go."

그러자 루이스가 이렇게 말했답니다.

"그러나 제가 장담하건대, 그는 그러기를(어디 가지 않고 그냥 누워 있기를) 원할 겁니다. But I bet he wishes that were so." [1]

하지만 바울은 자신이 죽으면 갈 곳, 천국이 있다고 확실히 말합니다. 그리고 만약 선택할 수 있다면 지금 천국에 가고 싶다고 합니다. 바울의 고백을 들어 보십시오.

> 21 이는 내게 사는 것이 그리스도니 죽는 것도 유익함이라 …… 23a
> 내가 그 둘 사이에 끼었으니 차라리 세상을 떠나서 그리스도와 함께
> 있는 것이 훨씬 더 좋은 일이라…… _빌 1:21, 23a

여기에 무슨 '죽음 앞에 겁을 내는' 모습이 있습니까? 곧 당장이라도 죽음을 받아들일 것 같은데 바울은 계속 살아 있습니다. 바울이 아

---

1) Walter Hooper, preface to *Christian Reflections* by C. S. Lewis, ed. Walter Hooper (Grand Rapids: Eerdmans, 1967), xi.

직 살아 있는 이유를 세 가지로 살펴보겠습니다.

성도의 기도

이것이 **너희의 간구**와 예수 그리스도의 성령의 도우심으로 나를 구원에 이르게 할 줄 아는 고로 _빌 1:19

"구원에 이르게 할 줄 아는 고로" 뭘 알았다는 것입니까? 빌립보 교회 성도들의 기도를 들으셔서 '나를 구원'할 줄 바울이 알았다는 것 아닙니까? 여기서 '구원'은 천국 가는 궁극적인 의미의 구원일 수도 있지만, 문맥상 출옥을 의미한다고 보는 것이 맞을 것 같습니다. 감옥에서 그냥 죽지 않고, 풀려날 것에 대한 확신이 있었다는 것입니다. 어떻게요? 성도들의 간절한 '중보 기도'로 살아날 것이라는 확신이 들었다는 것입니다.

여기서 꼭 배워야 할 교훈은 이것입니다. 이 세상에 **기도가 필요 없는 사람은 존재하지 않는다는 것입니다.** 바울도 성도들의 기도를 의지했습니다.

30 형제들아 내가 우리 주 예수 그리스도와 성령의 사랑으로 말미암아 너희를 권하노니 너희 기도에 나와 힘을 같이하여 **나를 위하여 하나님께 빌어** 31 **나로** 유대에서 순종하지 아니하는 자들로부터

건짐을 받게 하고 또 예루살렘에 대하여 내가 섬기는 일을 성도들이 받을 만하게 하고 _롬 15:30~31

19 또 **나를 위하여 구할 것은** 내게 말씀을 주사 나로 입을 열어 복음의 비밀을 담대히 알리게 하옵소서 할 것이니 20 이 일을 위하여 내가 쇠사슬에 매인 사신이 된 것은 나로 이 일에 당연히 할 말을 담대히 하게 하려 하심이라 _엡 6:19~20

적어도 기도가 삶을 연장시키는 역할을 합니다. 기도는 요행을 바라는 종교적인 제스처가 아닙니다. 전능하신 하나님을 귀 기울이게 하는, 하나님을 아버지라 부르는 성도의 특권입니다.

> 우리는 그저 인간이고 하나님은 하나님이시라면, 기도 없이 사는 것은 단순히 '끔찍한 일'이 아니라 '지극히 어리석은 일'입니다.
> *If man is man and God is God, to live without prayer is not merely an awful thing: it is an infinitely foolish thing.*
> - 필립스 브룩스*(Phillips Brooks)* [2]

제가 성도 여러분을 위해 기도하듯 여러분도 저를 위해 기도해 주십시오. 성도님들의 기도가 절실히 필요합니다. 복음의 의미가 희석되고, 복음의 영향력이 약화되어 가는 현실의 교회를 위해 입을 열 때마

---

[2] O Little town of Bethlehem의 작사자가 남긴 유명한 말

다 기도해 주십시오. 하나님이 우리의 기도를 들으십니다.

"내 몸에서" 그리스도가 존귀하게 되는 기대

나의 간절한 기대와 소망을 따라 아무 일에든지 부끄러워하지 아니
하고 지금도 전과 같이 온전히 담대하여 살든지 죽든지 **내 몸에서
그리스도가 존귀하게 되게 하려 하나니** _빌 1:20

바울의 간절한 기대와 소망은 그의 '살아 있는' 몸 안에서 그리
스도가 높임을 받는 것이었습니다. 높임을 받는 것은 'exalted', 'made
large' 즉, 그리스도가 더 커지는 것입니다. 세례 요한이 예수님을 가
리켜 "그는 흥하여야 하겠고"(요 3:30)에 쓰인 말입니다. 이것이 바울
신학의 심장이었습니다. 바울은 자신에게 사람들의 이목을 끌려고
하지 않았습니다. 오직 성도들이 주님만 보기를 바랐습니다. 우리는
주님을 바라보게 하는 렌즈, 축복의 통로(conduit)입니다. 주님만 영광
받으시면, 주님만 커지시면 되는 것입니다. 그럴 때 바울은 기쁘다고
말합니다. This will make me joyful!!
　　우리의 것은 없습니다. 다 주님의 것이며, 우리는 청지기일 뿐입
니다.

몸에 대한 기대

너희 몸은 너희가 하나님께로부터 받은 바 너희 가운데 계신 성령의 전인 줄을 알지 못하느냐 너희는 너희 자신의 것이 아니라_고전 6:19

…… 지금도 전과 같이 온전히 담대하여 살든지 죽든지 **내 몸에서** 그리스도가 존귀하게 되게 하려 하나니_빌 1:20b

결혼생활에서, 직장 생활에서, 내가 하는 사업에서, 머리가 주뼛서는 음악을, 걸작 그림을 즐기십시오. 기뻐하십시오. 왜냐하면 이 모든 것의 주인이 하나님이시기 때문입니다. 우리의 몸과 시간, 이 모든 것이 다 주님의 것입니다.

이 후로는 누구든지 나를 괴롭게 하지 말라 내가 **내 몸에** 예수의 흔적을 지니고 있노라_갈 6:17

바울의 몸에 그리스도의 흔적, 십자가를 가지고 있다는 말씀은 고난의 흔적을 뜻합니다. 전승에 의하면 바울의 시신은 잔인하게 망가지고, 찢겼다고 합니다. 그런데도 그는 살든지 죽든지 기뻐할 수 있다고 했습니다.

"약할 때 강함 되시네. 나의 보배가 되신 주. 주 나의 모든 것(You are my all in all)"이 되지 않으면 이런 고백을 할 수가 없습니다. 그리스도 예수 안에서 내가 원하는 것이 나의 영향력, 인정받음, 친구로부터 사랑받는 것이면, 이런 고백을 할 수 있을까요?

저는 자녀들이 '죽도록 하는' 연애를 했으면 좋겠습니다. 그래야 자신을 내려놓고 자기 아닌 그 누구를 위해 희생하는 것을 배울 수 있다고 생각하기 때문입니다.

> 23 내가 그 둘 사이에 끼었으니 차라리 세상을 떠나서 그리스도와 함께 있는 것이 훨씬 더 좋은 일이라 그렇게 하고 싶으나 24 내가 육신으로 있는 것이 **너희를 위하여 더 유익하리라**_빌 1:23~24

이 말씀은 우리가 결정을 내릴 때 도움이 됩니다. 지난 4장에서 분별하기 위해 두 가지 질문을 던지라고 했습니다. '이것이 옳은 것인가?' 옳다면 '이것이 최선인가?' 그러면 최선을 선택하는 것이 애매할 때는 어떻게 해야 할까요? "교회를 위해 유익한가?" 이 질문을 해 보십시오. **여기서 바울이 살아 있는 세 번째 이유가 등장합니다.**

너희 믿음의 진보와 기쁨을 위하여

> 24 내가 육신으로 있는 것이 너희를 위하여 더 유익하리라 25 내가 살 것과 **너희 믿음의 진보와 기쁨을 위하여** 너희 무리와 함께 거할 이것을 확실히 아노니_빌 1:24~25

바울은 21절에서 "죽는 것도 유익함이라"라고 합니다. 이는 죽음을 미화하거나 삶을 증오한 것이 아닙니다. 주님과 함께하는 그날을 기대한 것입니다. 바울은 빌립보 교회 성도들과 함께 있기를 원했습니다. 그 이유가 무엇입니까?

그러나 만일 육신으로 사는 이것이 내 일의 열매일진대 무엇을 택해야 할는지 나는 알지 못하노라_ 빌 1:22

바울은 "육신으로 사는 이것이 내 일의 열매일진대"라고 합니다. 내가 살아서 하고 싶었던 일, 했던 모든 일들이 열매(fruitful labor)로 여겨지기 때문이라는 것입니다. 혹시 "내 나이가 많은데, 이제 내가 무슨 열매를 맺겠습니까?" 하는 분이 있다면 25절을 다시 보십시오. 내가 사는 이유는 '**너희 믿음의 진보와 기쁨을 위하여**(For your progress and joy)'입니다.

특별히 무엇을 하라는 것이 아닙니다. 그냥 같이 있는 것이 진보와 기쁨이 된다는 것입니다. "당신과 함께 있는 것만으로도 힘이 나고 행복합니다." 이런 말을 듣고 싶지 않습니까?

저는 이렇게 생각합니다. 주를 위해 살고자 하는 사람과 같이 있는 것만으로도 그 이상의 풍성한 축복은 없다고…….

배우자를 잃으면 "그냥 나도 가고 싶다"고 하는 분들이 있습니다. 하지만 안 끝났습니다. 아직은 아닙니다. 미국 야구계의 전설 요기 베라(Yogi Berra)의 말, "**끝날 때까지 끝난 게 아니다**(It ain't over till it's over)"를 굳이 듣지 않아도 그렇습니다. 내 인생이 9회말 2아웃 후라고 해도, 주님께서 "끝났다" 하시기 전까지는 안 끝났습니다. 살아 있는 한, 우리의 목숨이 있는 한, 주님께서 우리에게 하시는 말씀은 "아직 끝나지 않았다"는 것입니다. 여러분이 손잡고 기도해 줄 사람들이 주위에 있는 한, 오늘도 우리의 유일한 중보자 되시며 하늘 보좌 우편에서 기도하고 계시는 우리의 대제사장 예수님이 계시는 한, 여러분은 누군가의 믿음의 진보와 기쁨, 행복과 감사를 위해 존재하는 것입니다.

저는 그런 의미에서 지난 팬데믹 시기를 거치면서 하나님의 부르심을 받은 성도분들이 보고 싶습니다. 우리가 사랑하는 이들이 코로나로 많이 돌아가셨습니다. 그러나 하나님이 우리의 기도를 들으시고 어떤 분들의 생명은 연장시키셨습니다. 하나님이 그분들을 통해 우리 교회에 덕이 되고 믿음의 진보를 나타내기 위해 살려 주신 것입니다.

아침에 눈을 뜨면 "내가 왜 오늘도 눈을 떴나? 할 수 없이 살아야지"가 아니라 하나님의 부르심에 따라 오늘도 내 생명이 연장되었다는 사실을 믿으시기 바랍니다. 나로 인해 내 주위에 있는 사람들의 믿음의 진보와 기쁨이 나타나도록 오늘도 나를 살게 하신다는 것을 믿으시기 바랍니다. 투병 중인 성도님들은 자신이 짐이 될까 봐 걱정하시지만, 하나님께서 우리에게 생명을 주시는 한 우리의 사명은 계속 진행됩니다. 하나님이 나에게 생명을 주시는 한 주님의 놀라운 은혜의 풍성함이 내 삶에 나타나고, 우리의 몸을 통해 예수 그리스도가 더 커지는 역사가 나타날 줄 믿습니다.

"너희의 믿음의 진보와 기쁨을 위해서, 교회를 위해서 하나님께서 오늘도 나를 살게 하신다"는 바울의 고백이 우리의 고백이 되어야 하지 않겠습니까. 성도들의 기도 응답으로 생명이 연장되고 그 연장된 생명을 통해 이 몸에서 어떠한 상황이든지 그리스도가 더 커지고, 나로 인해 주위 사람들이 행복해지고 그들의 믿음의 진보가 나타나는 이 놀라운 사명을 위해 오늘도 산다는 사실을 절대로 잊지 마십시오. 주님이 끝났다고 하시기 전까지는 끝난 게 아니라는 사실을 기억하고, 함께 이 사명의 길을 담대히 걸어가는 저와 여러분이 되길 주의 이름으로 축복합니다.

적용질문

† 나의 묘비명을 쓴다면 무엇을 쓰겠습니까?

† 바울의 딜레마는 무엇입니까(빌 1:23~24)?

† 바울이 살아 있는 세 가지 이유를 정리하면서 오늘 내가 사는 이유를
생각해 봅시다(빌 1:19~20, 25, 롬 15:30~31, 엡 6:19~20, 고전 6:19, 갈 6:17).
· 성도의 (   )
· (   ) 그리스도가 (   )하게 되는 기대
· 너희 믿음의 (   )와 (   )을 위하여

† 생명이 있는 한, 우리의 사명은 끝나지 않았습니다. 나에게 주어진 사
명을 놓고 지체들과 함께 기도하는 시간을 가져 봅시다.

Part 2

이 생각을
품으라

Chapter

7

사인(Sign)은
엄지척!

빌립보서 1장 27~30절

27 오직 너희는 그리스도의 복음에 합당하게 생활하라 이는 내가 너희에게 가 보나 떠나 있으나 너희가 한마음으로 서서 한 뜻으로 복음의 신앙을 위하여 협력하는 것과 28 무슨 일에든지 대적하는 자들 때문에 두려워하지 아니하는 이 일을 듣고자 함이라 이것이 그들에게는 멸망의 증거요 너희에게는 구원의 증거니 이는 하나님께로부터 난 것이라 29 그리스도를 위하여 너희에게 은혜를 주신 것은 다만 그를 믿을 뿐 아니라 또한 그를 위하여 고난도 받게 하려 하심이라 30 너희에게도 그와 같은 싸움이 있으니 너희가 내 안에서 본 바요 이제도 내 안에서 듣는 바니라_빌 1:27~30

사도 바울은 이 서신을 감옥 안에서 쓰고 있습니다. 그러니 얼마나 빌립보 교회 성도들에게 안부를 전하고 싶었겠습니까? 게다가 빌립보 교회가 모은 헌금과 헌물을 가지고 바울을 찾아온 에바브로디도가 심한 병에 걸려 앓아눕는 바람에 빌립보 교회 성도들은 그의 근황을 걱정했을 것입니다(빌 2:25~30). 그런 그들에게 바울은 이 서신을 통해 따뜻한 인사와 안부를 전합니다. 그리고 이제 본론으로 들어가 빌립보 교회 성도들을 향한 관심을 구체적으로 표현합니다.

격리된(quarantined) **자가 격리되지 않은**(unquarantined) **자에게 던지는 메시지인 것입니다.**

복음에 합당하게 생활하라

오직 너희는 그리스도의 복음에 합당하게 생활하라 …… conduct yourselves in a manner worthy of the gospel of Christ …… [NIV]_빌 1:27a

"생활하라" = conduct(NIV) = conversation(KJV) = *πολιτεύεσθε*

KJV 성경에서는 "합당하게 conversation 하라"로 되어 있습니다. 17세기 번역 당시 영어 conversation의 의미는 단순히 '말'이 아니라, 행동까지 포함된 것이었습니다.

이 헬라어 *πολιτεύεσθε*(폴리튜에스테)에서 나온 영어 단어가 police(경찰) 혹은 politics(정치) 같은 단어입니다. 말 그대로 생활 전반, citizenship(시민권)에 대한 것이라고 할 수 있습니다. 즉 옷을 입는 것도, 웃음 짓는 것도, 말하는 것도 복음에 합당하게 행동하라는 것입니다. 이것은 곧 우리가 믿는 복음과 우리가 생활하는 것에는 격차 혹은 공백이 있다는 뜻입니다. 따라서 "복음에 합당하게 생활하라"는 권면은 그 공백을 줄이라는 권면입니다. 우리의 신앙생활이 복음과 일치하는 시민권이어야 한다는 것입니다. 비록 빌립보 교회가 로마제국의 도시 빌립보 가운데 있지만 크리스천 공동체인 빌립보 교회는 말 그대로 천국의 시민들이 모여 사는 공동체로서 그 모습을 갖추어야 한다는 말씀입니다.

우리는 '국격'이라는 말을 가끔 듣습니다. 우리 성도들에게도 천국 시민의 국격이 있습니다. 천국 시민답게 살려면 복음에 합당하게 생활해야 합니다. 그 의미를 디도서에서 찾아봅니다.

훔치지 말고 오히려 모든 참된 신실성을 나타내게 하라 이는 범사에 우리 구주 **하나님의 교훈을 빛나게(attractive)** 하려 함이라_딛 2:10

이 말씀을 한 후에 바울은 디도서 3장에서 이렇게 권면합니다.

1 너는 그들로 하여금 통치자들과 권세 잡은 자들에게 복종하며 순종하며 **모든 선한 일 행하기를 준비하게 하며 2 아무도 비방하지 말며 다투지 말며 관용하며 범사에 온유함을 모든 사람에게 나타낼 것을 기억하게 하라**_딛 3:1~2

한번은 어머니가 입원해 계신 병원을 방문했는데, 면회 시간이 아니어서 들어가지 못했습니다. 그다음 날 바로 찾아갔더니 "하루에 두 사람만 방문할 수 있다"는 규정 때문에 안 된다는 것입니다. 답답한 마음 그지없었지만 제가 꾹 참을 수 있었던 것은 "다투지 말며 관용하며 범사에 온유함을 나타내라"는 이 말씀이 기억났기 때문입니다.

하지만 그날 한 성도님으로부터 "목사님, 힘든 일 있으셨어요?"라는 질문을 받았습니다. 신호등 앞에서 제 차를 보고 반가워 손을 흔들었는데, 제 표정이 심각해 보이더랍니다.

우리는 "왜 믿는 사람 중에 이렇게 위선자들이 많냐?"라는 소리를 자주 듣습니다. 이런 비판성 질문을 받으면 어떻게 대처해야 할까요? 내가 먼저 회개해야 합니다. 표정조차 바꾸지 못하는 나부터 회개해야 합니다. 옛말에 "나이 마흔이면 얼굴에 책임을 져야 한다"라고 하는데 성도로서 자기 얼굴에 책임져야 합니다. 우리 얼굴을 보면 "예수쟁이구나!" 답이 딱 나와야 합니다.

"뭐가 그리 좋으세요?", "왜 웃고 다니세요?", "무슨 노래를 그렇게 즐겁게 부르며 다니세요?" 이런 말을 들어야 합니다. "뭐가 그리 심각하세요?", "도살장에 가시나요?", "무슨 불만이 그리 많으세요?" 이런 말 들으며 사셔야겠습니까?

복음에 합당한 생활! 복음은 생명입니다. 죽은 것이 아닙니다. 복음은 사랑입니다. 희락입니다. 슬픔을 이기는 능력입니다. 엉망으로 흐트러진 삶이 아닙니다. 질서와 의와 평강입니다. 주님이 나를 얼마나 사랑하시는지, 그것을 알고 그 믿음으로 오늘을 사는 것이 복음에 합당한 삶을 사는 것입니다. 성도들은 천국의 국격을 높이는 천국 시민입니다!

한마음, 한뜻으로 대처하라

…… 너희가 **한마음으로 서서 한 뜻으로 복음의 신앙을 위하여** 협력하는 것과_빌 1:27b

'서서'는 '대항하여 선다'는 의미입니다. 빌립보 교회에 대적하는 자들이 있느냐 없느냐가 문제가 아닙니다. 대적하는 자들은 항상 있는데, 문제는 그들을 '**어떻게** 대처하느냐'입니다. '한마음으로(one spirit)', '한뜻으로(one mind)' 대처하라는 것입니다.

"한뜻으로(one mind) 협력하는 것", 여기서 '협력'이란 레슬링 선수들이 함께 집합 경기를 하는 모습입니다. 요즘처럼 일대일로 싸우는 것이 아니라, 집단으로 줄을 서서 한꺼번에 맞붙는 레슬링을 말합니다. 이 선수들처럼 한 몸이 되어 싸우라는 것입니다.

우리에게 한마음, 한뜻이 되는 공통분모는 무엇입니까?

강아지를 키우는 사람들은 강아지 때문에 길을 가다가도 발걸음을 멈추고 낯선 사람과 얼마나 재밌게 얘기하는지 모릅니다. 개를 키운다는 사실 하나로 동지애(camaraderie)가 생기는 것입니다.

문화, 민족, 라이프 스타일, 스포츠, 취미, 정치적 이념, 학연, 지연 등으로도 동지애가 형성될 수 있을 것입니다. 사도 바울은 빌립보 교회 성도들에게, "**복음의 가치를 위해서**" 한마음, 한뜻이 될 것을 권면합니다. 여러 가지 인간적인 공통분모를 넘어서 가질 수 있는 한마음과 한뜻은 복음을 위한 성령의 역사입니다. 영적인 동지애입니다.

그것으로 우리는 함께 설 수(stand for) 있습니다. 복음을 위해서 한마음으로 설 수 있다는 것입니다. 바울 시대에 정말 하나 될 수 없던 사람들이 있었다면 유대인과 헬라인(이방인)일 것입니다. 그러나 바울의 말을 들어 보십시오.

> 내가 복음을 부끄러워하지 아니하노니 이 복음은 모든 믿는 자에게 구원을 주시는 하나님의 능력이 됨이라 **먼저는 유대인에게요 그리고 헬라인에게로다** For I am not ashamed of the gospel, for it is the power of God for salvation to everyone who believes, **to the Jew first and also to the Greek** [ESV]_롬 1:16

교회는 유대인만, 혹은 헬라인만 모이는 집단이 아닙니다. 어떤 정당에 속한 이유로 모이는 공동체가 아닙니다. 어떤 정치적인 이유나 이데올로기를 따라 서는 것은 교회가 아닙니다. 교회는 유일하게 복음을 향한 믿음으로, 한마음으로 서는 공동체입니다.

왜냐하면 복음은 모든 믿는 자에게 구원을 주시는 하나님의 능력이 되기 때문입니다. 먼저는 민주당이요, 그리고 공화당에게로다. 먼저는 Latinos(라틴계), Asians(아시아계)요, 그리고 'White and Black(백인과 흑인)'에게 입니다.

주님의 사인(Sign)을 보라

...... 이것이 그들에게는 **멸망의 증거**요 너희에게는 **구원의 증거**니 이는 하나님께로부터 난 것이라_빌 1:28b

저들에겐 멸망, 우리에겐 구원의 사인(sign)이라고 했습니다. 여기서 사용되는 이미지는 로마 경기장을 상상하면 좋습니다. 로마의 검투사들(gladiators)이 싸움 끝에 상대방을 눕히고 황제가 앉아 있는 단상을 향하여 어찌할까 바라볼 때, 황제가 thumb up(동의), 혹은 thumb down(거부)하듯이 만왕의 왕 되신 주님을 우리가 바라볼 때, 우리를 향한 주님의 사인(sign)을 보라는 것입니다.

C. S. 루이스는 지옥에 대해 말하면서 다음과 같이 천국과 지옥 가는 자들을 구별했습니다.

천국은 구원을 위해 하나님을 신뢰하는 죄인들이 가는 곳이고, 지옥은 자신들의 구원을 위해 하나님을 신뢰하지 않기로 선택한 죄인들이 가는 곳이다.

Heaven is a place for sinners who trust in God for salvation, and hell is a place for sinners who choose not to trust in God for salvation. [1]

---

1) C. S. Lewis, "Hell," chap. 8 in *The Problem of Pain* (1940)

천국은 착한 사람들이 가는 곳이며, 지옥은 나쁜 사람들이 가는 곳이라고 일반적으로 생각합니다. 하지만 "의인은 없나니 하나도 없는"(롬 3:10) 세상에서 누가 천국을 가고 누가 지옥을 갑니까? 결코 자격이 있어서 가는 곳이 천국이 아닙니다. 마지못해 가는 곳이 지옥이 아닙니다. **성공한 자가 가는 곳이 천국이 아니고, 낙오자가 가는 곳이 지옥이 아니라는 말입니다.**

엠마오로 가는 두 제자를 기억하십니까? 그들은 예수님이 십자가에서 돌아가신 후 너무 실망한 나머지 "다 끝났다"라고 말하면서 엠마오로 향했을 것입니다(눅 24장). 그들은 부활하신 예수님이 자신들과 동행하는 것도 모른 채 "그분이 뭔가 할 줄 알았는데, 아리마대 요셉의 무덤에서 끝날 줄 누가 알았겠는가. 당신이 누구신지 모르지만, 다 끝났소. 그러니 당신도 갈 길 가시오. 우리는 지금 어딜 가는지 모르겠소"라고 말했을 것입니다.

부활하신 주님이 바로 옆에 계시는데도 다 끝났다고 말하는 이 아이러니를 상상해 보십시오. 만왕의 왕 앞에서, 역사의 주인 앞에서 '다 끝났다' 말하는 이 현장을……. 너무 부끄러운 장면 아닙니까?

혹시 우리 가운데 "다 끝났다"라고 말하는 분이 있습니까? "뭐가 뭔지 모르겠다" 하면서 배우자를 보아도 소망이 없고, 기대하던 자식을 보아도 그렇고, 몸이 약해진 자기 자신을 보아도 뭐 하나 신나는 것이 없는 상황입니까? 다 끝났다, 일도 재미없고, 여행도 피곤하고, 교회 가는 것도 흥이 안 나고, 신문을 읽어도 실망스러운 이야기뿐이고, 가슴 뭉클한 감동적인 스토리 하나 찾을 수 없는 삶 속에서 "다 끝났다"고 말하는 분이 있습니까? 지금 부활하신 주님이 옆에서 다 듣고 계십니다.

"주님, 나는 예수님을 열심히 믿어도 여전히 이 모양 이 꼴인데, 왜 저 악한 사람들은 저렇게 잘 삽니까?", "They're winning, but I am losing……. What is this, Lord?" 세상이 뒤죽박죽인 것 같은 현실을 볼 때, 교회가 핍박을 받을 때 '다 끝났다'고 생각할 수 있습니다. 빌립보 교회가 그럴 수 있었습니다. 스승 같은 바울도 옥에 갇히고, 핍박하는 세상이 하나님보다 더 커 보입니다. 마치 세상이 승리하는 사인 (sign) 같습니다. 반면 교회는 미래도 없고, 꿈도 없고 패배자처럼 살아가는 것 같습니다. 그러나 우리가 하나님 앞에 나아갈 때 더는 이 세상으로 인해 두려워하지 않게 됩니다.

베드로는 주님을 잡으려고 온 자들에게 칼을 휘둘렀습니다. 그러다 대제사장의 종 말고의 귀를 잘랐습니다(요 18:10). 그때 주님이 말고의 귀를 즉시로 붙여 주시면서 "네 칼을 도로 칼집에 꽂으라 칼을 가지는 자는 다 칼로 망하느니라"(마 26:52)라고 하셨습니다. 칼로 싸우는 싸움이 우리가 해야 할 싸움이라면 주님도 그렇게 싸우셨을 것입니다. 그러나 주님은 그렇게 싸우지 않겠다고 하십니다. 그런데도 우리는 자꾸 세상에서 배운 방법대로 싸우려고 합니다. 주님이 싸우시는 방법을 싫어하고 심지어 미련하다고까지 생각합니다. 그러나 **주님은 칼 들고 쫓아온 자들에게 칼을 뽑지 않고, 십자가의 길, 고난의 길을 가셨습니다.**

고난을 받는 길

그리스도를 위하여 너희에게 은혜를 주신 것은 다만 그를 믿을 뿐 아니라 또한 **그를 위하여 고난도 받게 하려 하심이라**_ 빌 1:29

구원이 하나님께서 우리에게 주신 은혜인 것을 아는데, 여러분 고난도 은혜입니까?

새로 선발된 선교사를 인터뷰하는 시니어 선교사님이 말하길, 고난을 경험해 보지 않은 선교사는 현장으로 파송하지 않고 계속 수습 선교사로 훈련받게 한답니다.

왜냐하면 고난의 경험 없이 현장으로 파송된 선교사는 현장에서 다른 선교사와 꼭 싸우기 때문이랍니다.

저도 결혼을 앞둔 커플과 상담하면서 "둘이 싸운 적이 있냐?"고 꼭 묻습니다. 싸우고 갈등을 해결해 본 적이 없는 사람은 결혼해서 부부 싸움을 할 때 이겨 낼 힘이 없습니다. 잘 싸워봐야 결혼생활도 잘 싸우면서 잘할 수 있습니다.

우리의 싸우는 무기는 힘으로 상대방을 제압하는 것이 아닙니다. 우리의 싸움은 져 주는 것입니다. 그것이 "우리의 싸우는 무기는 육신에 속한 것이 아니요"(고후 10:4)의 의미입니다.

저의 스승이신 싱클레어 퍼거슨(Sinclair Ferguson) 교수는 이 부분을 이렇게 표현했습니다.

고난은 받은 은혜를 광낼 때 오는 마찰이다.

Suffering is the friction which polishes our graces.[2]

져 주어야 하는 고난 속에 계십니까? 주님을 바라보십시오.

저는 고(故) 박종식 장로님의 마지막 모습이 잊히지 않습니다. "장로님 좀 어떠세요?" 하고 여쭈었더니 말할 기운도 없으신데 엄지를 치켜올리던 멋진 장로님!!! 내 성적표는 엉망인 것 같아도 십자가에서 우리를 향한 주님의 사인(sign)은 항상 엄지척(thumb up!)입니다. 아멘!

2) Sinclair B. Ferguson, *Let's Study Philippians* (1997; repr., Edinburgh: Banner of Truth Trust, 2018), 36.

주님이 나를 얼마나 사랑하시는지
그것을 알고 그 믿음으로 오늘을 사는 것이
복음에 합당한 삶을 사는 것입니다.

적용질문

† "그리스도의 복음에 합당하게 생활하라"는 권면을 구체적인 말로 바꾸어 설명해 보십시오(빌 1:27, 딛 2:10, 3:1~2).

† 복음에 합당하게 생활하기 위해 교회적으로 먼저 선행해야 할 것은 무엇입니까(롬 1:16, 요 15:18~19)?

· "…… 내가 너희에게 가 보나 떠나 있으나 너희가 (   )으로 서서 (   )으로 복음의 신앙을 위하여 협력하는 것과"(빌 1:27b).

† 마지막 호흡을 내쉬기 전, 천국을 바라본다면, 주님이 내게 어떤 사인 (sign)을 보여 주실 것 같습니까? C. S. 루이스의 "천국은 구원을 위해 하나님을 신뢰하는 죄인들이 가는 곳이고, 지옥은 자신들의 구원을 위해 하나님을 신뢰하지 않기로 선택한 죄인들이 가는 곳이다"라는 말을 생각하며 답해 보십시오(빌 1:28).

† 지금 우리 생활에 '싸움과 고난'이 있을 때, 그것도 은혜라고 할 수 있을까요? 빌립보서 1장 29~30절을 읽고 고난의 유익에 대해 나눠 봅시다.

이 생각을
품으라

빌립보서 2장 1~8절

1 그러므로 그리스도 안에 무슨 권면이나 사랑의 무슨 위로나 성령의 무슨 교
제나 긍휼이나 자비가 있거든 2 마음을 같이하여 같은 사랑을 가지고 뜻을 합
하며 한마음을 품어 3 아무 일에든지 다툼이나 허영으로 하지 말고 오직 겸손
한 마음으로 각각 자기보다 남을 낫게 여기고 4 각각 자기 일을 돌볼뿐더러
또한 각각 다른 사람들의 일을 돌보아 나의 기쁨을 충만하게 하라 5 너희 안
에 이 마음을 품으라 곧 그리스도 예수의 마음이니 6 그는 근본 하나님의 본
체시나 하나님과 동등됨을 취할 것으로 여기지 아니하시고 7 오히려 자기를
비워 종의 형체를 가지사 사람들과 같이 되셨고 8 사람의 모양으로 나타나사
자기를 낮추시고 죽기까지 복종하셨으니 곧 십자가에 죽으심이라_빌 2:1~8

C. S. 루이스의 책 『네 가지 사랑』에 나오는 말입니다. "연인은 face to
face이지만 친구는 side by side, 연인은 남녀 두 사람 사이에 가능하지
만, 친구는 두 명이 최선은 아니다"라고 하면서 루이스는 이렇게 예를
듭니다.

친구 A가 죽었을 때, B는 친구 A만 잃어버린 것이 아니다. 친구 C 안에 차지하고 있는 A의 부분도 잃은 것이다. 친구 C는 친구 A만 잃어버린 것이 아니라, 친구 B 안에 있는 A의 부분도 잃어버린 것이다.

A should die, then B loses not only A but A's part in C, while C loses not only A but A's part in B.

그러면서 루이스는 판타지 소설을 쓰던 친구들의 잉클링스(Inklings) 클럽 이야기를 덧붙입니다. 여기에는 찰스 윌리엄스(Charles Williams), J. R. R. 톨킨(J. R. R. Tolkien, 『반지의 제왕』의 저자) 등이 멤버로 있었는데, 찰스가 58세에 죽자, 루이스가 이렇게 고백합니다.

나는 찰스만 잃어버린 것이 아니라, 찰스의 농담에 더는 반응하지 않는 로널드(톨킨)의 모습도 잃어버렸다. 로널드를 통해서만 나에게 다가오던 찰스의 모습만 사라진 것이 아니라, 내겐 로널드 자체의 모습도 줄어들었다.

Now that Charles is dead, I shall never again see Ronald's [Tolkien's] reaction to a specifically Charles joke. Far from having more of Ronald, having him "to myself" now that Charles is away, I have less of Ronald.[1]

친구와의 관계에서도 이런 신비한 영향을 받는데, 하물며 주님과

---

1) C. S. Lewis, *The Inspirational Writings of C. S. Lewis*, The Four Loves, Inspirational Press, 246.

친구가 되면 어떤 영향을 받을까요?

그리스도와 신비한 연합

누구든지 그리스도 안에(in Christ) 있으면 새로운 피조물입니다 (고후 5:17). 요한계시록에는 이런 표현도 있습니다.

> 볼지어다 내가 문 밖에 서서 두드리노니 누구든지 내 음성을 듣고 문을 열면 내가 그에게로 들어가 그와 더불어 먹고 그는 나와 더불어 먹으리라 _계 3:20

그리스도와 우리가 연합된 신비한 관계를 설명하고 있습니다. 마치 결혼할 때 두 사람이 하나 되었다고 이야기하듯이, 정확하게(그 이상이면 이상이지, 결코 이하가 아닌) 우리와 그리스도가 하나 된 연합을 말하고 있습니다. 그래서 바울도 교회와 그리스도의 하나 됨을 부부의 하나 됨으로 표현한 것 같습니다.

> 31 그러므로 사람이 부모를 떠나 그의 아내와 합하여 그 둘이 한 육체가 될지니 32 이 비밀이 크도다 나는 **그리스도와 교회에 대하여 말하노라** _엡 5:31~32

바울은 1절에서 이 신비한 연합, 친구 됨으로 생성된 영적 유익을 다섯 가지로 말합니다.

"무슨 ① **권면**(encouragement)이나 사랑의 ② **위로**(comfort)나 성령의 ③ **교제**(fellowship)나 ④ **긍휼**(tenderness)이나 ⑤ **자비**(compassion)가 **있거든** …… 이런 것들이 있지 않은가" 하며 본문을 시작합니다.

얄팍한 비지니스 거래에 지친 인간관계, 위로라기보다는 자기 뜻을 관철하기 위한 입발림, 인격적인 교제라기보다는 기브 앤드 테이크(give and take), 계산된 만남, 있는 그대로 인정하는 긍휼과 사랑보다는 비판과 판단으로 저울질 당하는 살벌함 속에서 그리스도와의 연합은 **격려**(권면)와 위로가 있다고 합니다. **위로**는 단순히 상냥한 말이 아니라, 능력이며, 마음을 끄는 힘입니다. 그리스도의 사랑 안에 있다는 것은 실제적으로 능력이 되고, 든든합니다. 그리고 **교제**(fellowship)가 성령 안에서 약속되었습니다. 그리스도와 연합되는 순간 즉시로 가능한 것이 성령 안에서의 교제(partnership)입니다. 이 교제를 통해 우리가 주님과 친근해지는 효과가 나타나기 시작합니다. 그뿐만 아니라 서로가 믿음 안에서 친해지기 시작합니다. 주님으로부터 우리가 받은 **긍휼과 자비**를 우리 형제들에게도 나누는 은혜가 생기는 것입니다. 우리 안에 있는 수많은 아픔과 상처, 실망과 배신 등으로 긍휼과 자비를 표현하고 베풀기 힘든 분도 계실 것입니다. 그러나 그때마다 주님께 받은 긍휼과 자비를 우리 안에 채워야 합니다.

제가 이민 생활 초기에 중고차를 타고 다닐 때의 일입니다. 늘 하는 일이 자동차 라디에이터에 부동액이나, 그것도 비싸서 여름에는

물을 수시로 채우는 것이었습니다. 조금 달리다 보면 보닛에서 김이 나곤 했습니다. 그러면 라디에이터에 부동액이 떨어진 것입니다. 그럴 때 부동액이나 물을 채우듯 우리도 주께 받은 긍휼과 자비를 다시 채우고 달려야 하는 것입니다.

우리 앞에 놓인, 끝날 것 같지 않은 길을 달리다 보면, 마치 보닛에서 김이 나는 자동차처럼 우리의 인생에도 김이 날 때가 있습니다. 긍휼과 자비가 말라 버렸기 때문입니다. 그때는 내 인생의 차를 세우고, 다시 주께 받은 긍휼과 자비를 우리 안에 붓는 수밖에 다른 방법이 없습니다.

그렇다면 주님과 연합한 사람은 이 세상에서 어떤 본을 보여야 할까요?

한마음을 품어라

마음을 같이하여 같은 사랑을 가지고 뜻을 합하며 한마음을 품어
then make my joy complete by being like-minded, having the
same love, being one in spirit and purpose(one mind) [NIV]_빌 2:2

여기서 '마음'은 heart가 아니라 mind입니다. '마음을 같이하라'는 것은 '같은 생각을 하라'는 뜻입니다. 그것이 같은 사랑과 뜻과 목적을 갖게 되는 첫 작업입니다.

같은 생각(mind)을 하려면 훈련이 필요하다고 생각합니다. 가족도 각자 다른 생각을 하고, 교인들도 모인 수만큼 다른 생각들을 할 것입니다. 그런데 공산당도 아니고 어떻게 다 같은 생각을 갖도록 할 수 있겠습니까? 가족여행을 가도 그렇지요. 가족 간에 서로 생각이 다르다는 것을 즉시로 체험하게 됩니다. 방을 하나만 쓰느냐, 두 개를 쓰느냐, 아침을 먹느냐 마느냐, 저마다 생각이 다 다릅니다.

하지만 주님과 연합한 사람은 상대방의 생각에 내 생각을 맞춥니다. 한마음을 품는 것이란 이런 것입니다. 좀 더 구체적으로 말하면, 상대를 섬기는 것입니다. 바울은 이것을 겸손이라고 말합니다.

아무 일에든지 다툼이나 허영으로 하지 말고 **오직 겸손한 마음으로** 각각 자기보다 남을 낫게 여기고_빌 2:3

하나 되지 못하고 다투는 이유는 self-love, 자기애, 자존심 때문입니다. 겸손은 남을 나보다 낫게 여기는 것입니다. 이 말은 객관적인 평가무용론을 의미하는 것이 아닙니다. 오히려 내가 더 잘하는 실력과 은사로 남을 섬기는 것이 '겸손'입니다. "당신은 다른 사람보다 노래를 더 잘한다, 손재주가 좋다, 머리가 좋다, 체력이 좋다"라는 평가를 받으셨나요? 그러면 그 실력으로 자기애에 빠지지 말고, 그것으로 남을 섬기라는 것입니다. 바울은 그것이 정확하게 우리 예수님이 보여 주신 겸손의 본, 태도, 마음이라고 소개합니다. 예수님의 겸손을 세 가지로 살펴봅니다.

예수님의 겸손

첫째, 하나님과 동등됨을 취할 것으로 여기지 아니하셨습니다

5 너희 안에 이 마음을 품으라 곧 그리스도 예수의 마음이니 6 그는 근본 하나님의 본체시나 하나님과 **동등됨을 취할 것으로 여기지 아니하시고**_빌 2:5~6

생각의 훈련입니다. 예수님은 하나님이십니다. 삼위일체의 성자 하나님으로 성부 하나님과 동등하신 분입니다. 여러분, 주님의 겸손은 어디서 나타납니까? 하나님과 동등하신 분임에도 그렇게 "여기지 아니하시고"에서 나타납니다.

우리는 주로 대접받으려고 할 때 상대방과 자신의 동등함을 주장합니다. '왜 나만 일해야 하는가', '저 사람은 뭐가 잘났다고 나보다 앞서 있느냐'라고 생각합니다. 그러나 주님은 동등됨을 취하여 대접받으려고 하지 않으셨습니다. 오히려 "아버지의 뜻대로 되기를 원하나이다" 하며 하나님의 뜻에 순종하셨습니다. 이것이 곧 하나님 아버지의 뜻을 섬기는 '겸손'입니다.

둘째, 자신을 비우셨습니다

오히려 **자기를 비워** 종의 형체를 가지사 사람들과 같이 되셨고_빌 2:7

NIV 성경에는 '자기를 비웠다'는 표현이 'made himself nothing' 으로 기록되어 있습니다. 주님은 자신이 뭔가 된 것처럼 행동하지 않고, '나는 nothing이다' 생각하며, 종, 노예의 본성(nature)으로 섬기셨다는 것입니다.

예수님이 우리 가운데 오신 이유가 무엇입니까? 우리를 섬기려 하심입니다.

> 인자가 온 것은 섬김을 받으려 함이 아니라 도리어 섬기려 하고 자기 목숨을 많은 사람의 대속물로 주려 함이니라 _막 10:45

어쩌면 내가 아무것도 아닌(nobody) 것을 받아들이지 않는 한 남을 섬길 수는 없을 것입니다. 내가 누구인지(somebody) 주장하고 싶다면, 거기에 상응하는 대접을 받고 싶지 않겠습니까? 우리가 싸울 때 자주 듣는 말이 무엇입니까? "내가 누군 줄 알아?" 아닙니까?

> ...... 오직 겸손한 마음으로 각각 자기보다 남을 **낮게** 여기고 _빌 2:3b

'낮게'가 아니라 '낮게', 받침이 'ㅈ'이 아니라 'ㅅ'입니다. 우리는 '내가 누군 줄 알아?'라고 주장하고 싶을 때, 'ㅈ'으로 남을 밟기 십상입니다.

그러나 우리는 하나님이 우리에게 주신 은사로 남을 섬기는 자가 되어야 합니다. 그러므로 이제부터 'ㅅ'(낮게)으로 리셋합시다. 'ㅅ의 리셋'은 주님의 겸손한 마음을 갖는 것입니다.

셋째, 십자가에 죽기까지 복종하셨습니다

사람의 모양으로 나타나사 자기를 낮추시고 **죽기까지 복종하셨으니 곧 십자가에 죽으심이라** _빌 2:8

'ㅅ의 리셋'은 십자가로 리셋하는 것입니다. 힘과 권력으로 남을 바꾸려는 세상의 방법이 아닌, 하나님 아버지 뜻에 복종하여 세상을 변화시키는 예수님의 방법입니다.

여러분은 남을 바꾸려고 시도해 보신 적이 있습니까? 가까이는 가족을 바꿔 보려고, 함께 일하는 동료들을 바꿔 보려고, 나라를 바꿔 보려고 애쓴 적이 있습니까? 당근과 채찍을 다 써 봐도 정말로 남을 바꾸는 일은 우리 힘으로는 안 되는 것 같습니다.

영국 런던의 국회의사당 옆에 있는 웨스트민스터 사원의 한 모퉁이에 이름 없는 성공회 주교의 묘비가 세상의 주목을 받았습니다. 그 묘비에 이렇게 기록되어 있습니다.

내가 젊고 자유로워 상상력에 한계가 없었을 때
나는 세상을 변화시키겠다는 꿈을 꿨다.
그러나 좀 더 나이가 들고 지혜를 얻었을 때

나는 세상이 변하지 않으리라는 것을 알았다.

그래서 시야를 좁혀 내가 살고 있는 나라를 변화시켜야겠다고 결심했다.

그러나 그것 역시 불가능한 일이었다.

황혼의 나이가 되었을 때 나는 마지막으로

나와 가장 가까운 내 가족을 변화시키겠다고 결심했다.

그러나 아무것도 달라지지 않았다.

이제 죽음을 맞이하기 위해 자리에 누운 나는 문득 깨닫는다.

만약 내가 나 자신을 먼저 변화시켰더라면

그것을 보고 가족이 변했을 것을

또한 그것에 용기를 얻어 내 나라를 더 좋게 바꿀 수도 있었을 것을

그리고 누가 아는가, 세상까지도 변했을지!

예수님의 겸손, 예수님의 마음, 예수님의 생각을 품는 이 본을 내가 따라가야 한다는 말씀이 버겁습니까? 내 고집이 너무나도 강해서 내 뜻을 피력하려고만 하지 남을 나보다 낫게 여기는 '人의 리셋'이 잘 안 됩니까? 그런 상황 속에 있는 교회를 향해 바울이 "그리스도 예수의 마음을 품고 하나가 되라"고 권면합니다. 그러면서 "이미 그리스도 안에서 우리가 가지고 있는 영적인 은혜들이 있지 않느냐"라고 말합니다. 권면(encouragement), 위로(comfort), 교제(fellowship, partnership), 사랑(love), 긍휼(tenderness), 자비(compassion)를 다시 우리 안에 부으라고 합니다. 주님이 부어 주신 은혜로, 주님이 가르쳐 주신 겸손으로 우리가 이 길을 계속해서 달려갈 수 있는 것입니다.

적용질문

† 여러분에게 시너지(synergy) 효과가 있는 만남은 무엇입니까?

† 그리스도와 연합하면 어떤 유익이 있습니까(빌 2:1, 계 3:20, 엡 5:31~32)?

† 바울은 빌립보 교회를 향해 '한마음'을 품으라고 말합니다. 그러기 위해서 겸손한 마음을 가지라고 권합니다. 겸손은 어떤 태도를 가지는 것입니까(빌 2:3)?

† 바울은 겸손한 태도의 본으로 그리스도 예수님의 태도(마음)를 제시합니다. 구체적으로 예수님의 태도(마음, mind)는 어떤 것인지 3가지로 적으며 그 교훈을 나누어 봅시다.

- --(빌 2:6)
- --(빌 2:7)
- --(빌 2:8)

Chapter

9

No Cross,
No Crown

빌립보서 2장 9~11절

9 이러므로 하나님이 그를 지극히 높여 모든 이름 위에 뛰어난 이름을 주사 10 하늘에 있는 자들과 땅에 있는 자들과 땅 아래에 있는 자들로 모든 무릎을 예수의 이름에 꿇게 하시고 11 모든 입으로 예수 그리스도를 주라 시인하여 하나님 아버지께 영광을 돌리게 하셨느니라_빌 2:9~11

본문은 "이러므로"로 시작합니다. 이전 내용과 연결해서 생각하지 않으면 본문의 의미가 제대로 드러나지 않으므로 바로 앞장의 말씀부터 다시 살펴보겠습니다.

앞장에서 바울이 예수님의 태도를 가지라고 권면한 말씀을 세 가지로 살펴보았습니다. "첫째, 자신을 하나님과 동등하게 여기지 않으셨다. 둘째, 자신을 비워 종의 형체를 가지셨다. 셋째, 십자가에 죽기까지 복종하셨다." 십자가로 리셋하신 예수님의 겸손입니다. 좀 더 신학적인 표현을 쓴다면 예수님의 비하(낮아지심, humiliation)에 대한 내용입니다. 이번에는 예수님의 승귀(높아지심, exaltation)에 관한 것으로, 이는 본래 주님의 자리, 영광의 자리로 돌아온 모습입니다.

모든 이름 위에 뛰어난 이름 : 주(Lord)

9 이러므로 하나님이 그를 지극히 높여 모든 이름 위에 뛰어난 이름을 주사 10 하늘에 있는 자들과 땅에 있는 자들과 땅 아래에 있는 자들로 모든 무릎을 예수의 이름에 꿇게 하시고 11a **모든 입으로 예수 그리스도를 주라 시인하여** …… _빌 2:9~11a

주(Lord)는 여러 이름 중에 제일 높은 이름이라는 뜻입니다. 이름에 등급(rank)이 있다는 것입니다. 직장에는 주임, 계장, 차장, 부장, 이사, 상무, 전무, 부사장, 사장, 회장이 있고, 조선시대에는 사또, 나리, 영감, 대감, 최고의 권력자인 왕을 지칭하는 상감이 있었듯 말입니다.

여기서 '주(Lord)'는 헬라어로 *κύριος*(퀴리오스)입니다. 히브리어 구약 성경을 헬라어로 번역한 것이 70인역 성경이고, 여기에 kyrios로 번역된 것이 Yahweh, 여호와입니다. 모음이 없이 자음만 4개 (tetragrammaton, יהוה YWHW)로 쓰여 어떻게 발음하는지 몰라서 '여호와'라 불린 것 같습니다. 훗날 학자들이 '야훼'라 수정했지만, '여호와'라고 오랜 기간 써 와서 그대로 여호와를 사용하고 있습니다(영어 성경은 Lord, 가톨릭은 Yahweh).

따라서 11절에 "모든 입으로 예수 그리스도를 주라 시인하여"의 의미가 더욱 분명해집니다. 주는 그냥 집주인, 땅 주인을 부를 때 쓰는 호칭이 아니라, 천지 만물의 창조자요 만군의 하나님, 여호와를 부를 때 쓰인 단어이기 때문입니다. 실은 구약에 야훼라는 단어가 나오면 발음을 하지 않고, '아도나이'라고 읽었습니다. 이스라엘 백성은 자신들의 입술에 함부로 하나님의 이름을 올리지 않을 정도로 그분의 이름을 망령되이 일컫지 않으려고 했던 것이죠. "야훼라 쓰고 아도나이라 읽는다" 이렇게 이해하면 될 것 같습니다. 발음도 할 수 없고 형용할 수 없던 여호와 하나님입니다.

히브리서에서도 빌립보서의 논리인 예수님의 비하와 승귀(humi-liation, followed by exaltation)의 논리를 펴고 있습니다.

9 오직 우리가 천사들보다 잠시 동안 못하게 하심을 입은 자 곧 **죽음의 고난 받으심으로** 말미암아 영광과 존귀로 관을 쓰신 예수를 보니 이를 행하심은 하나님의 은혜로 말미암아 **모든 사람을 위하여 죽음을 맛보려 하심이라** 10 **그러므로** 만물이 그를 위하고 또한 그로 말미암은 이가 많은 아들들을 이끌어 **영광에 들어가게 하시는 일에 그들의 구원의 창시자를 고난을 통하여 온전하게 하심이 합당하도다**

_히 2:9~10

본문 9절에 보면 그 낮아지신 예수님을 하나님 아버지가 지극히 높이셨다고 합니다. 즉 exaltation, 예수님의 승귀를 말씀하는 것입니다. 높아지신 예수님은 *κύριος*(퀴리오스), 주님이며 구원자이십니다. 예수는 '구원자'라는 뜻입니다. 틀림없이 바울은 이사야 45장의 말씀을 인용하고 있습니다.

> 15 **구원자** 이스라엘의 하나님이여 진실로 주는 스스로 숨어 계시는 하나님이시니이다 …… 18 대저 여호와께서 이같이 말씀하시되 **하늘을 창조하신 이 그는 하나님이시니** 그가 땅을 지으시고 그것을 만드셨으며 그것을 견고하게 하시되 혼돈하게 창조하지 아니하시고 사람이 거주하게 그것을 지으셨으니 나는 여호와라 나 외에 다른 이가 없느니라 …… 21 너희는 알리며 진술하고 또 함께 의논하여 보라 이 일을 옛부터 듣게 한 자가 누구냐 이전부터 그것을 알게 한 자가 누구냐 나 여호와가 아니냐 나 외에 다른 신이 없나니 나는 **공의를 행하며 구원을 베푸는 하나님이라** 나 외에 다른 이가 없느니라 22 **땅의 모든 끝이여 내게로 돌이켜 구원을 받으라 나는 하나님이라** 다른 이가 없느니라 23 내가 나를 두고 맹세하기를 내 입에서 공의로운 말이 나갔은즉 돌아오지 아니하나니 **내게 모든 무릎이 꿇겠고 모든 혀가 맹세하리라 하였노라** _사 45:15, 18, 21~23

예수님이 십자가 지시기 전에 이런 기도를 드렸습니다. 즉 그 낮아지심으로 들어가시기 전에 이런 기도를 드리신 것입니다. **그렇다면 어떻게 그리스도가 비하**(humiliation)**에서 승귀**(exaltation)**로 가는 것이 논리적인 일입니까?**

첫째, 구약 예언의 성취입니다

예수님이 이 땅에 오시기 전인 약 육칠백 년 전에 이미 성경에 그 일이 예언되어 있지 않았습니까?

13 보라 **내 종이** 형통하리니 받들어 **높이 들려서 지극히 존귀하게 되리라** 14 전에는 그의 모양이 타인보다 상하였고 그의 모습이 사람들보다 상하였으므로 많은 사람이 그에 대하여 놀랐거니와 15 그가 나라들을 놀라게 할 것이며 왕들은 그로 말미암아 그들의 입을 봉하리니 이는 그들이 아직 그들에게 전파되지 아니한 것을 볼 것이요 아직 듣지 못한 것을 깨달을 것임이라_사 52:13~15

성경은 "내 종이 높이 들려서 지극히 존귀하게 되리라"는 구약의 예언이 예수께서 십자가 고난으로 낮아지신 후에 그대로 이루어졌다고 이야기하고 있습니다.

둘째, 약속의 성취입니다

아버지여 창세 전에 내가 아버지와 함께 가졌던 영화로써 지금도 아버지와 함께 나를 영화롭게 하옵소서_요 17:5

"I am going back. I am returning to my place." 예수님이 하나님과 동등된 그 자리로, 영화로운 자리로 다시 돌아간다는 뜻입니다.

예수님은 십자가에서 낮아지심에 들어가시지만 다시 높아지실 것을 알고 기도하십니다. 왜 그렇습니까? 아버지이신 하나님이 우리 죄로 인해 마땅히 받아야 할 심판을 아들이신 예수님이 대신 당하는 것을 보고 계시기 때문입니다. 즉 언약의 구원을 예수님이 이루시는 것을 보고 계시는 것입니다.

> 하나님이 죄를 알지도 못하신 이를 우리를 대신하여 죄로 삼으신 것은 우리로 하여금 그 안에서 하나님의 의가 되게 하려 하심이라
>
> _고후 5:21

> 제구시쯤에 예수께서 크게 소리 질러 이르시되 엘리 엘리 라마 사박다니 하시니 이는 곧 나의 하나님, 나의 하나님, 어찌하여 나를 버리셨나이까 하는 뜻이라_마 27:46

하나님은 그 이후 주를 영화롭게 하사, 천하 만민이 구원의 복을 받게 하신 것입니다.

> 또 네 씨로 말미암아 천하 만민이 복을 받으리니 이는 네가 나의 말을 준행하였음이니라 하셨다 하니라_창 22:18

> 7 내가 여호와의 명령을 전하노라 여호와께서 내게 이르시되 너는 내 아들이라 오늘 내가 너를 낳았도다 8 내게 구하라 내가 이방 나라

를 네 유업으로 주리니 네 소유가 땅 끝까지 이르리로다_시 2:7~8

하나님의 예언이 그리스도 안에서 성취될 것입니다. 그것을 약속하신 하나님이 그렇게 될 것이라고 하셨습니다. 예수 안에서 모든 약속이 "예"가 된 것입니다.

하나님의 약속은 얼마든지 그리스도 안에서 예가 되니 그런즉 그로 말미암아 우리가 아멘 하여 하나님께 영광을 돌리게 되느니라

_고후 1:20

몽당연필의 찬양

몽당연필을 찬양하는 이해인 수녀의 시를 보신 적이 있습니까?

너무 작아
손에 쥘 수도 없는 연필 한 개가
누군가 쓰다 남은 이 초라한 토막이
왜 이리 정다울까

욕심 없으면
바보 되는 이 세상에

몽땅 주기만 하고
아프게 잘려 왔구나

대가를 바라지 않는
깨끗한 소멸을
그 소박한 순명을
본받고 싶다

헤픈 말을 버리고
진실만 표현하며
너처럼 묵묵히 살고 싶다
묵묵히 아프고 싶다 [1]

  "No Cross, No Crown, 십자가 없이는 영광도 없다"는 말이 있습니다. 십자가의 주님을 찬양하고, 높일 수 없다면 부활의 주님에게 영광의 면류관을 드리지 못할 것입니다. 다시 말해, 십자가를 찬양할 수 없다면, 결코 영광된 주님 앞에 변화된 모습으로 설 수 없다는 말입니다.

  한 장로님이 팔순을 맞이하여 소감을 나누는 자리에서 있었던 일입니다. 그분의 아내 되시는 권사님이 이런 이야기를 나누셨습니다. 권사님은 자신의 인생에서 제일 잘한 일이 남편을 만나 결혼한 것

---

1) 이해인, 『오늘은 내가 반달로 떠도』, 분도출판사, 2003, 99쪽.

이라고 이야기했습니다. 그다음은 아들이 선교사가 된 것이 그렇게 감사하고 자랑스럽다고 했습니다. 심지어 의사 아들은 끼지도 못했습니다. 그렇다고 의사 되지 말라는 뜻은 아닙니다. 선교사 아들이 타국에서 고생은 하고 있을지 모르겠지만, 그래도 아들이 자랑스러운 것은 권사님의 가치관이 변했기 때문입니다. 예수 그리스도의 십자가 사건을 경험하게 되면 이전(before)과 이후(after)의 삶이 확실히 갈라집니다. 예수 그리스도의 십자가 사건을 만나면 이전과 결코 같을 수 없습니다. You are never be the same! 확실하게 변하는 게 있습니다.

여러분의 삶을 이전과 이후로 나뉘게 한, 생각하고 싶지도 않은 비극적인 사건이 있습니까? '내가 그 사람만 안 만났으면 이렇게 되지는 않았을 거야' 하는 만남이 있습니까? 하지만 그보다 더 엄청난 메가톤급의 사건이 우리 삶 속에 벌어졌습니다. 바로 '예수 그리스도의 십자가 사건'입니다. 십자가의 사건을 경험한 이후에는 나의 비포, 애프터를 가르던 사건도 다 물러납니다. 십자가 사건으로 말미암아 어떤 상처도 넉넉히 이길 수 있는 힘이 우리 안에 생기기 때문입니다.

"그런즉 누구든지 그리스도 안에 있으면 새로운 피조물이라 이전 것은 지나갔으니 보라 새 것이 되었도다"(고후 5:17).

그래서 십자가 사건을 경험한 이후에 우리는 변화된 삶, 믿음의 삶을 살기 시작합니다. 이는 곧 "an outstanding name above all names", 모든 이름 위에 뛰어난 이름으로 승리하신 그리스도를 믿고 살아가는 삶입니다.

성전에서 하나님 앞으로 나아갈 때, 지성소 앞에는 휘장(커튼)이 쳐져 있었습니다. 그러나 주님이 십자가에서 돌아가시던 날, 그 커튼이 위에서부터 아래로 찢어졌습니다. 커튼의 의미는 차단입니다. 접근 금지입니다. 만날 수 없음입니다. 이제 더는 갈 길이 없다는 뜻입니다. 정지입니다. 그것이 하나님 앞에 쳐져 있는 커튼의 의미입니다.

그런데 그 커튼과 같은 옷을 입고 예수님이 성육신하여 우리에게 오셨습니다. 그리고 십자가에서 그 커튼이 찢어졌습니다. 더는 가지 못하는 길, 금지된 길, 차단된 길, 막힌 길에서 주님이 갈라지신 것입니다. 이것이 예수님의 낮아지심(humiliation)입니다.

예수님이 십자가에서 이렇게 낮아지셨는데, 이것이 나를, 우리 교회를 그분 앞에 무릎을 꿇게 하기에 충분합니까? 우리를 변화시키기에 충분합니까? 이 사건 전후로 우리의 전후가 갈릴 만큼 충분한 충격이 왔습니까? 이전과는 완전히 다른, "We will never be the same again!" 이렇게 말할 수 있습니까? 우리가 변화할 때 주님의 높아지심(exaltation)이 더욱 우리 삶에 확연히 드러날 것입니다. 아멘!

적용질문

† 세족식에 참여한 적이 있습니까? 그때 어떤 은혜를 받았습니까?

† 예수 그리스도를 주라 시인한다는 말은 어떤 의미입니까(빌 2:11)?

† 빌립보서 2장 10절과 11절 말씀은 사도 바울이 이사야 45장 15절에서
23절까지의 말씀을 참고한 것으로 보입니다. 예수님의 타이틀인 '주님
(Lord)'은 어떻게 얻어졌습니까(히 2:9-10)?

† 예수님의 비하(낮아지심, humiliation) 이후의 예수님의 승귀(높아지심, exaltation)는 논리적인 귀결입니다. 이사야서에서는 이것이 어떻게 예언되었습니까(사 52:13~15)?

† 예수님의 비하는 우리의 죄 때문입니다. 십자가에 죽기까지 순종하는 예수님을 보고 계셨던 하나님 아버지는 약속대로 우리 주님을 높여 주셨습니다(요 17:5, 고후 5:21, 시 2:7~8). 십자가로 변화된 삶을 통해 하나님 아버지께 영광을 돌리고 있습니까?

10

완전
속아 주신 사랑

빌립보서 2장 12~13절

12 그러므로 나의 사랑하는 자들아 너희가 나 있을 때뿐 아니라 더욱 지금 나 없을 때에도 항상 복종하여 두렵고 떨림으로 너희 구원을 이루라 13 너희 안에서 행하시는 이는 하나님이시니 자기의 기쁘신 뜻을 위하여 너희에게 소원을 두고 행하게 하시나니_빌 2:12~13

학창 시절에 부모님을 속여 본 적이 있습니까? 용돈을 마련하려고 "각종 사전을 사야 한다" 하며 2중, 3중으로 돈을 받은 적은 없으신가요? 지나고 보면 '그런 우리 속내를 다 알면서 부모님이 속아 주신 것이 아닌가' 하는 생각이 듭니다.

　　요즘 아이들은 "학원 간다"고 하면서 PC방 가고, "교재 산다"고 하면서 용돈을 챙긴답니다. 제가 이런 이야기로 설교를 시작하는 이유가 있습니다. 바울이 꼭 그런 마음 같다는 생각이 들어서입니다.

그러므로 나의 사랑하는 자들아 너희가 **나 있을 때뿐** 아니라 더욱 지금 **나 없을 때에도** 항상 복종하여 두렵고 떨림으로 **너희 구원을 이루라**_빌 2:12

'나의 사랑하는 자들아' 이 얼마나 따뜻한 권면입니까? 바울은 '나 있을 때나, 나 없을 때나 항상 (가르침에) 복종하라!'고 말합니다. 이것이 무슨 뜻입니까? 빌립보 교회 성도들이 자신이 있을 때는 잘 했는데, 없을 때는 뭔가 삐걱거림이 있었다는 것입니다. "Out of sight, out of mind!" 눈에서 멀어지면 마음에서도 멀어진다고, 성도들의 신앙생활에 느슨함이 생긴 것입니다.

"부모가 있을 때나, 없을 때나 항상 가르침대로 순종하여 행하라"는 말씀이 자녀들에게 가능합니까? 목사가 교회에 있을 때나, 없을 때나 성도들이 말씀에 순종하면서 신앙생활을 잘 하는 것이 가능합니까? 저는 빌립보서를 읽으면서, 빌립보 교회 안에서 뭔가가 잘 안 되고 있다는 느낌이 들었습니다.

앞장에서 예수님의 비하와 승귀에 대한 말씀을 나누면서, 십자가 사건인 비하(낮아지심, humiliation)를 경험한 우리는 결코 이전과 같지 않은(never be the same) 삶을 살아간다고 했습니다. 즉, 예수 그리스도의 십자가 사건으로 내 삶의 B.C.와 A.D.를 나누는 것이, 예수님의 승귀(높아지심, exaltation)를 드러내며 사는 믿음의 삶입니다. 그렇다면 믿음의 삶이란 무엇입니까? 바로 "너희 구원을 이루라, Work out your salvation!"입니다.

이것은 누구에게 한 말씀입니까? 당연히 성도들에게 한 말씀입니다. 이미 구원의 은혜를 받은 성도들, 교회 안에 들어와 있는 성도들에게 한 말씀입니다. 이미 구원받은 성도들에게 "두렵고 떨림으로 너희 구원을 이루라! Work out your salvation with fear and trembling"라고 한 것입니다. 그래서 "구원을 이루라"는 의미를 확실히 아는 것이 중요합니다.

구원(Salvation)의 의미

구원은 말 그대로 멸망당할 수밖에 없는 종국(결말)에서 구출한다(saved, rescued)는 의미입니다. 물살에 쓸려 내려가고 있는데, 그 끝에 낭떠러지가 있습니다. 그렇다면 '구원을 이루라'는 것은 낭떠러지로 떨어지지 않도록 '빨리 물가로 헤엄쳐 나오라'는 의미일 것입니다. 따라서 우리가 'work out'을 잘 하려면 먼저 물살을 이길 수 있는 기초체력을 키워야 합니다. 스스로 수영할 수 있도록 물에 떠 있는 방법, 더 나아가 자유형, 혹은 접형 등을 배워서 물가로 나가는 방법을 익히고 훈련해야 합니다. 그런데 성경에는 구원을 그렇게 설명한 구절이 없습니다. 오히려 멸망을 향해 떠내려가고 있는 인간은 '스스로 헤엄쳐 나올 수 없는 자들'임을 가르쳐 주고 있습니다. 그래서 스스로 헤엄쳐 나올 수 없는 자들을 밖에서 구명대를 던져 건져 내는 것이 '구원'입니다.

너희는 그 은혜에 의하여 믿음으로 말미암아 **구원을 받았으니** 이것은
너희에게서 난 것이 아니요 **하나님의 선물이라** _엡 2:8

'내가 수고해서 만든 결과'를 선물이라고 하지 않습니다. 그렇다
면 "구원을 이루라, Work out your salvation!" 이 말씀은 무엇을 하라
는 뜻일까요? "선물로 받은 구원을 활용하라! 받은 구원을 멋지게 사
용하라!"는 의미일 것입니다.

제가 아이폰을 선물로 받았는데, 그 기능을 설명하는 내용이 책
으로 딸려 왔습니다. 솔직히 제가 이 폰 안에 있는 기능을 몇 퍼센트나
쓰는지 모르겠습니다. 하나님께 선물로 받은 '구원'도 그렇습니다. '구
원을 이루라'는 명령은 구원을 만들라는 명령이 아닙니다. 선물로 받
은 구원을 기능에 따라 잘 쓰도록 명령하신 것이라고 할 수 있습니다.

이제는 'work out'의 의미를 두 가지 측면으로 정리해 보겠습니
다. 첫째는 각자가 이루어야 할 개인적인 의미이고, 둘째는 교회(공동
체)적인 측면의 의미입니다.

Work Out의 개인적 의미 : 현재 진행형 구원

개인적 의미는 실제적입니다. 형이상학적인 것이 아니라, 구원
받은 성도들이 매일매일 맞닥뜨리는 일을 놓고 씨름하는 구체적인
일입니다. 그래서 구원은 항상 현재 시제 경험을 말합니다. '……이었

지, 그랬었-었-어……' 하시면 안 됩니다. 스마트폰도 계속 소프트웨어를 업그레이드하듯이, 여러분이 이미 받은 구원도 수시로 업그레이드하셔야 합니다. 그래서 "구원을 이루라(κατεργάζεσθε)"의 'work out' 동사도 계속 '현재 시제 진행형 명령문'입니다.

이를테면 우리가 갑자기 몸이 안 좋아지고, 혈관 등이 막혀서 급히 병원에 실려 갔다고 칩시다. 수술팀이 혈관우회로술(Bypass surgery)을 세 개나 하면서 살려 냈습니다. 그래서 살려 낸 생명은 선물로 받은 것입니다.

그러나 그다음부터는 마치 체육관에서 가서 운동(work out)하듯이 매일매일 자신의 몸을 가꾸어야 합니다. 일주일 전에 했다고 안 하면 바로 체중이 다시 늘고, 다시 처지고, 다시 피곤해지고, 다시 무기력해집니다. 구원 역시 그렇습니다. 매일 운동하지 않으면, 영적 비만증에 걸려 처지고, 피곤해지고, 무기력해지는 것은 시간문제입니다.

'work out'은 이미 은혜로 얻은 생명, 결혼, 구원을 늘 건강하게 유지하기 위한 운동(exercise)이라고 할 수 있습니다.

우리가 결혼을 해도 그렇습니다. 'Work out your marriage'입니다. 이미 결혼했어도 결혼을 이루어야 할 부분이 있는 것입니다. 결혼생활이 그냥 되는 게 아닙니다. 의사소통법을 배워야 합니다. 서로 고마운 것을 표현하고, 자기의 생각을 정확하게 말하되, 배우자를 존중하는 마음으로 전할 줄 알아야 합니다. "아마, 그럴 거야" 가정하지 마시고, 상대방의 의견을 잘 경청하는 습관을 가져야 합니다. 완전한 사람이 없으니, 용서도 해야 합니다. 용서했으면 그 후에는 확실히 잊어야 합니다. 기분 나쁠 때마다 옛날이야기를 끄집어내면 안 됩니다.

〈슬기로운 의사생활〉이란 드라마에서 본 내용입니다. 자녀의 간을 이식받은 한 아버지가 나오는데, 간을 받고 살아나서는 매일 술독에 빠져 사는 겁니다. 결국 간이 또 나빠졌습니다. 이식을 안 하면 또 죽게 생겼으니 이번에는 또 다른 자식의 간을 이식받아야 합니다. 참으로 울화통이 터지는 일 아닙니까. 아무리 드라마지만, '뭐 저런 인간이 다 있나?' 싶었습니다. 그런데 생각해 보면 우리야말로 예수님의 심장을 이식받은 셈도 아닙니까. 우리가 만일 천국에 가는 티켓을 받은 것처럼, 마음대로 죄를 짓고 다닌다면 어떻겠습니까? 아들의 간을 받아 다시 살고도 술독에 빠져 사는 아버지와 다름없습니다. 어떻게 그럴 수 있습니까?

예수님이 몸을 가눌 수 없어 들것에 실려 온 중풍병자를 고치실 때 그에게 하신 말씀이 무엇입니까?

> 그러나 인자가 세상에서 죄를 사하는 권능이 있는 줄을 너희로 알게 하려 하노라 하시고 중풍병자에게 말씀하시되 **일어나 네 침상을 가지고 집으로 가라** 하시니_마 9:6

구원에 기여하는 노력은 우리가 할 수 없습니다. 그러니 "내가 할 수 있다"고 착각하지 말아야 합니다. 우리가 착각하지 말아야 할 것이 또 있습니다. "구원은 하나님이 다 하시니, 난 아무것도 안 해도 된다"라는 생각입니다. 이야말로 착각 중에 착각입니다. 누워 있는 내게 주님이 "일어나라" 하시면 일어나야 합니다. 발목에 힘을 주고 일어나야 합니다.

Work Out의 교회적인 의미

개인적인 work out이 이루어지면 교회가 함께 모이는 것, 예배하는 것, 선교하는 것, 기도하는 것, 하나 되는 것이 가능해지고 탄력을 얻게 됩니다. 구원받은 백성이 함께 모여 주를 찬양하고 예배하는 것이 공동체적인 구원을 이루는 work out이 되는 것이죠. 주일마다 work out이 이루어지는 것입니다. 공동체적으로 work out이 되면, 교회적으로 일어나는 현상은 '기쁨'입니다. 좀 더 원색적으로 표현하자면, 교회 오는 것이 재미있어집니다. 같이 일하는 '기쁨'이 있습니다. 힘든 일이 있어도 서로가 마음을 합하므로 에너지가 생깁니다.

개인적인 work out이 매일매일 삶에 이루어지면 영적으로 건강해집니다. 이런 성도가 교회 공동체를 섬기면 함께하는 성도가 영적 기운을 받습니다. 구원받은 공동체 안에서 일어나는 work out은 서로 하나 되는 신비입니다. 그것을 성경은 이렇게 표현합니다.

너희 안에서 행하시는 이는 하나님이시니 자기의 기쁘신 뜻을 위하여
너희에게 소원을 두고 행하게 하시나니 _빌 2:13

소원을 두고 행하게 하시는 하나님이십니다. 억지가 아니라 마음에서 우러나와야 합니다. 일하는 스타일은 저마다 조금씩 다르게 마련입니다. 그런데 work out을 잘하면 '양보해야지' 하는 마음이 생깁니다. '그렇게도 할 수 있겠구나' 하며 상대방을 이해하고 마음에 여유도 생깁니다. 상대방에게 맞춰 주고 싶은 마음도 생깁니다. 신비한 기운(에너지)이 나를 붙들고 가는 것입니다. '행한다'는 헬라어 *ἐνεργεῖν* (에네르게인)에서 '에너지(energy)'라는 영어가 나온 것만 봐도 알 수 있지 않습니까.

저는 우리 교회에서 사역하면서 '우리 안에 소원을 두고' 행하시는 하나님의 역사를 많이 느낍니다. 자기 것을 주장하기보다는 남에게 맞춰 주려고 하는 모습을 봅니다.

그래서 결국 이 모든 일을 누가 하는 것입니까? 하나님이 하신다는 것을 깨닫게 됩니다.

교회에서 봉사하고 헌신하고 헌금을 해도 그렇습니다. 우리는 스스로 한다고 생각하지만 하나님이 우리 안에 소원을 두고 행하게 하시는 것입니다. 얼마나 인격적이신지 억지로, 노예 부리듯이 우리를 대하지 않는 하나님이십니다. 무엇보다 우리 안에 하고 싶은 마음을 먼저 갖게 하십니다. 선한 일을 하고 헌신하고자 하는 마음을 주십니다. 어느 날 선교 현장에 가서 섬기고 싶은 마음을 주십니다. 아이들이 너무 예뻐서 주일학교를 섬기고 싶은 마음을 주십니다.

3 그의 신기한 능력으로 생명과 경건에 속한 모든 것을 우리에게 주

셨으니 이는 자기의 영광과 덕으로써 우리를 부르신 이를 앎으로 말미암음이라 ⋯⋯ 5a **그러므로 너희가 더욱 힘써** ⋯⋯_벧후 1:3, 5a

내가 말하는 것을 생각해 보라 **주께서 범사에 네게 총명을 주시리라** Reflect on what I am saying, for **the Lord will give you insight into all this** [NIV]_딤후 2:7

28 우리가 그를 전파하여 각 사람을 권하고 모든 지혜로 각 사람을 가르침은 각 사람을 그리스도 안에서 **완전한 자로 세우려 함이니** 29 이를 위하여 **나도 내 속에서 능력으로 역사하시는 이의 역사를 따라 힘을 다하여 수고하노라**_골 1:28~29

누가 수고합니까? '우리가!' 누가 힘을 다한다고요? '우리가!' 어떻게요? '더욱 힘써, 힘을 다하여' 수고합니다. 그런데 이 모든 일을 "**너희 안에서 행하시는 이는 하나님이시니**"입니다. 주체가 하나님입니다.

언젠가 모 대학 총장까지 지내신 분의 일화를 들었습니다. 초등학교 때 깡촌에서 큰 도시로 유학을 갔는데, 반에서 68명 중 68등을 했답니다. 그런데 아버지가 너무 충격을 받으실까 봐 성적표를 조작했습니다. 68등을 1등으로 바꿨더니 아버지가 "내 아들이 1등 했다" 하시며, 집안의 재산목록 1호인 돼지를 잡아 동네잔치를 벌였다는 것입니다. 자신의 거짓말 때문에 집안의 가장 큰 재산을 아낌없이 포기하는 아버지를 보고 이분이 다시는 아버지를 실망시키지 않기로 결심했답니다. 그래서 열심히 공부해서 대학교수도 되고 대학총장까지 됐다고 합니다.

그런데 훗날 자기 아들이 중학생이 되었을 때 문득 그 사건이 기억나더랍니다. 그래서 뒤늦게나마 아버지에게 "실은……" 하고 실토를 하려는데, 아버지가 "그래, 나는 이미 알고 있었다. 손주 듣는다" 하며 말문을 막으시더랍니다.

속아 주시는 하나님

우리의 자존심이 다칠까 봐 속아 주시는 하나님! 매번 예배의 현장으로 나와 고개를 숙일 때마다 부끄러운 일들이 먼저 떠오르는 부족한 죄인들을 향하여 "한심한 놈" 하지 않으시고, "잘 왔다" 하시며 위로해 주시는 하나님! 내가 내 힘으로 여기까지 온 것 같은데, 가만히 생각해 보면 나를 이곳에 데려오시기 위해 내 안에 소원을 두게 하시고, 마음을 움직이셔서 결국 행하게 하신 하나님! 십자가의 은혜로 날 구원하여 주신 하나님! 또 이런 진리를 은혜 가운데 깨닫게 하시는 하나님! 하나님은 이런 분이십니다.

그럼에도 더 이상 못할 것 같다고요? 하지만 그래도 '굿!'입니다. 하나님이 하실 것입니다. 계속하십시오. 힘이 모자란다고요? 그래도 '굿!'입니다. 하나님이 채워 주실 것입니다. 돕는 사람이 없습니까? 그래도 '굿!'입니다. 하나님이 도와주실 것입니다.

적용질문

† 부모로서 자녀들에게 속아 준 경험이 있습니까? 알면서도 내가 속아
  준 것은 무엇입니까?

† 사도 바울이 "나 없을 때"에도 항상 복종하라는 부탁에서 우리가 느낄
  수 있는 것은 무엇입니까(빌 2:12; 2:1~4, 4:2)?

† 구원은 하나님의 선물입니다. 그렇다면 "구원을 이루라"는 명령은 어
  떤 의미입니까(빌 2:12, 엡 2:8)? 두 가지 각도로 그 의미를 살펴봅시다.
  · _____(마 9:6)
  · _____(빌 2:13)

† 하나님이 우리를 인격적으로 대하시는 것을 어떻게 알 수 있습니까
(빌 2:13)?

† 실제로 우리 안에서 행하시는 주체는 누구십니까? 내 삶에 열매가
맺힌 것이 있다면 그분께 감사하는 기도를 드립시다(벤후 1:3, 5a, 딤후 2:7,
골 1:28~29).

Chapter

11

자랑스러운
달음질

빌립보서 2장 14~18절

14 모든 일을 원망과 시비가 없이 하라 15 이는 너희가 흠이 없고 순전하여 어 그러지고 거스르는 세대 가운데서 하나님의 흠 없는 자녀로 세상에서 그들 가운데 빛들로 나타내며 16 생명의 말씀을 밝혀 나의 달음질이 헛되지 아니 하고 수고도 헛되지 아니함으로 그리스도의 날에 내가 자랑할 것이 있게 하 려 함이라 17 만일 너희 믿음의 제물과 섬김 위에 내가 나를 전제로 드릴지라 도 나는 기뻐하고 너희 무리와 함께 기뻐하리니 18 이와 같이 너희도 기뻐하 고 나와 함께 기뻐하라_빌 2:14~18

바로 앞장에서 하나님의 자녀들과 교회에 주신 메시지는 "구원을 이 루라! Work out your salvation"였습니다. 그 의미 또한 이야기했습 니다.

  You don't work **for** your salvation, you don't work **up** your salvation, of course, you don't work **in** your salvation ······ but YOU

WORK **OUT** YOUR SALVATION!

본문은 구체적으로 어떻게 work out을 하는지 알려 줍니다. 여러분의 교회가 work out을 위해 체육관에 들어갔다고 한번 상상해 보세요. 그리고 트레이너가 어디부터 운동을 시작할지 가르쳐 주는 것을 생각해 보십시오.

순종의 질

모든 일을 **원망**과 시비가 없이 하라_빌 2:14

'원망과 시비가 없이 하라'는 것은 '구시렁거리며 하지 말라'는 것입니다. 이것은 순종하는 태도에 대한 지적입니다. 누가 보지 않을 때는 제대로 일을 안 한다면 있을 때 아무리 잘해도 '억지로 하는' 것입니다. 순종에도 질(quality)이 있습니다. 못마땅히 여기면서 하는 것이 있고, 기쁨으로 하는 순종이 있습니다.

아이들도 부모의 말에 억지로 하는 경우가 있고, "네~" 하고 기쁨으로 순종하는 경우가 있습니다. 부모는 자녀들의 행동만 봐도 알 수 있습니다. "방 좀 청소해라", "내일 쓰레기 가져가는 날이니 오늘 잊지 말고 쓰레기 좀 버려라." 이런 사소한 일에서 큰일에 이르기까지 원망과 불평으로 하는 자녀와 기쁨으로 하는 자녀의 차이를 부모들은 잘 압니다.

그런데 출애굽 당시 이스라엘 백성의 특징이 불평불만이었습니다.

> 2 이스라엘 자손 온 회중이 그 광야에서 모세와 아론을 **원망하여**
> 3 이스라엘 자손이 그들에게 이르되 우리가 애굽 땅에서 고기 가마 곁에 앉아 있던 때와 떡을 배불리 먹던 때에 여호와의 손에 죽었더라면 좋았을 것을 너희가 이 광야로 우리를 인도해 내어 이 온 회중이 주려 죽게 하는도다 _출 16:2~3

출애굽한 이스라엘 백성에게 고질적으로 따라다닌 질병이 있는데, 소위 원망(διεγόγγυζεν)이라는 것입니다. 그 바이러스에 빌립보 성도들이 똑같이 노출되었습니다. 바로 원망(γογγυσμῶν) 바이러스입니다. 이스라엘 백성은 애굽에서 종살이하던 자들입니다. 애굽 왕 바로의 폭정 속에서 신음하던 자들입니다. 거기에서 자유하게 되었으니 기쁨으로 출애굽해야 마땅하지 않겠습니까? 그런데 개구리 올챙이 적 시절을 기억하지 못한다고, 애굽에서 당한 그 끔찍한 형편을 금세 망각했습니다. 그러곤 "그때가 좋았지"라는 헛된 망상에 빠졌습니다. 이런 태도가 바로 '원망', 'complaining and moaning'입니다.

> 서로 대접하기를 원망 없이 하고 _벧전 4:9

베드로가 사람의 속성을 너무 잘 이해하고 있지 않습니까? 남을 대접할 때 원망하며 불평(grumbling) 하는 사람이 있다는 것입니다.

AMPC(Amplified Bible, Classic Edition) 성경은 이 구절을 "Practice hospitality ungrudgingly to one another(서로를 아낌없이 환대하라)"라고 의역했습니다. 또 다른 영어 성경은 "Be hospitable without secretly wishing you hadn't got to be!(환대하고 싶지 않다는 생각은 하지 말고 친절하게 대하라)" 라고 했습니다. 공동번역 성경에는 "여러분은 모두 나그네들이니 귀찮게 생각하지 말고 서로 극진히 대접하십시오"로 되어 있습니다. 결론은 순종의 질을 높여야 한다는 것입니다.

순도

이는 너희가 흠이 없고 순전하여 blameless and pure……_빌 2:15a

여기서 '순전'은 금속의 순도를 말합니다. 즉, 겉으로 드러나는 흠 없는 성도의 모습은 실제로 내적인 순도에 달려 있다는 것입니다. 칼 같은 무기를 만들 때 불순물이 섞이면 그 강도가 어쩔 수 없이 떨어집니다. 그렇게 되면 무기로서의 역할을 할 수 없습니다. 마찬가지로 성도가 단단한 영적 무기로 쓰임받기 위해서는 '순전'해야 합니다.

"Strike while iron is hot", 쇠는 뜨거울 때 두들기라는 말이 있습니다. 비유하자면 쇠가 뜨거워질 때는 원망과 불평이 슬금슬금 생길 때입니다. 그때 원망과 불평을 두들겨서 빼내라는 것입니다.

여러분은 언제 머리에서 김이 납니까? 언제 머리의 뚜껑이 열립니까? 남편과 아내가 가게 일을 같이할 때, 가족이 함께 여행할 때, 교회에서 팀으로 일할 때 쇠가 뜨거워지는 때가 있지 않습니까. 그때 시도 때도 없이 일어나는 불평과 원망을 두들겨서(strike) 불순물을 떨어버리라는 것입니다. 때리면 때릴수록 철의 순도는 올라갑니다. 더욱 단단해져서 웬만한 공격에도 부러지지 않습니다. 악한 원수 마귀를 무찌르는 데 요긴한 영적 무기가 되는 것입니다.

방향감각

…… 어그러지고 거스르는 세대 가운데서 하나님의 흠 없는 자녀로 세상에서 그들 가운데 **빛들로 나타내며** …… in the midst of a crooked and twisted generation, among whom you **shine as lights** in the world [ESV]_빌 2:15b

이 말씀은 곧 '빛나라'는 것입니다. 2천 년 전 바울이 성도들에게 work out을 권하며 '빛나라(shine)!' 했을 때, 어떤 빛을 염두에 두었을까요? NIV 성경은 이 말씀을 "you shine like stars in the universe"라고 번역했습니다. 원어를 보면 $Φαίνεσθε\ ὡς\ φωστῆρες\ ἐν\ κόσμῳ$, '세상에서 발광체로 빛나라'입니다. 공동번역 성경은 "하늘을 비추는 별들처럼 빛을 내십시오"라고 번역했습니다. 즉, 밤하늘이 배경으로 빛을 발하는 별을 염두에 두고 성도들에게 권한 말씀입니다.

2천 년 전 별빛은 사람들에게 어떤 혜택을 주었을까요? 밤바다를 항해하는 선장을 상상해 보십시오. 빛들로 나타내야 하는 배경이 '어그러지고 거스르는 세대'입니다. 이 세상은 깜깜한 밤과 같다는 말입니다. 그러니까 이 깜깜한 세상에서 어디로 갈지 모르는 자들에게 '방향잡이가 되라'는 뜻입니다. 그러나 빛을 내어 방향잡이 일을 하는 것이 결코 쉬운 일은 아닙니다. 내가 빛이 된다고 칭찬하고 박수 쳐주는 세상이 아니기 때문입니다.

올림픽에서 여자 역도 종목에 성전환 수술을 한 선수가 출전해 화제가 된 적이 있습니다. 그런데 이것이 포용력을 가져야 할 일입니까? 틀린 건 틀렸다고 얘기해야 합니다. 하나님은 로맨틱한 낭만으로 빛나는 별을 감상하라고 우리를 만드신 것이 아닙니다. 이 어두운 세상에, 이 패역한 세대에 빛을 비추는 역할로 우리를 만드셨습니다.

지금은 예전의 진리가 악이 되고, 악이 이 시대의 진리가 되어 버리는 희한한 시대입니다. 바른길을 가려면 손해를 봐야 한다는 이 시대에 우리가 work out 해야 할 것이 무엇입니까? 하나님의 말씀대로 분명하게 'Shine like stars!' 빛을 내는 것입니다.

세상에서도 빛이 되시고, 교회에 오셔도 그 빛을 끄지 마시기 바랍니다. 교회에서도 빛을 발하십시오. 여러분은 겸손한 리더입니까? 전문가입니까? 선생님입니까? 출중한 사업가입니까? 은사가 많습니까? 그 빛을 감추지 마십시오. 조용히 불 끄고 살지 말고, 그 빛을 발하십시오.

성경 말씀

생명의 말씀을 밝혀 나의 달음질이 헛되지 아니하고 수고도 헛되지
아니함으로 그리스도의 날에 내가 자랑할 것이 있게 하려 함이라

_빌 2:16

개역개정판 성경은 생명의 말씀을 '밝힌다'고 했는데, 원어는
ἐπέχοντες(에페콘테스)입니다. '붙잡아 쳐드는' 것을 의미합니다. 영어 성
경도 "Holding forth(KJV), hold out(NIV), holding fast(ESV)"라고 번역
했습니다. 같은 의미라고 할 수 있습니다. 횃불을 높이 들어 빛을 밝히
듯이, 결국 우리가 이 세상에서 방향잡이를 하는 방법은 말씀의 횃불
을 높이 쳐드는 것입니다. 학문의 횃불, 인문학의 횃불, 도덕의 횃불이
아니라 말씀의 횃불을 높이 쳐들어야 합니다. 다른 횃불은 모두 헛되
기 때문입니다.

올림픽에서 육상대회를 보면 가끔 부정 출발(false start)로 인해 결
과가 뒤집히는 경우를 보게 됩니다. 1,500미터를 열심히 달렸습니다.
드디어 마지막 테이프까지 끊었는데 심판관이 부정 출발을 지적합니
다. 그러면 얼마나 맥이 빠질까요? 헛수고만 한 셈입니다. 열심히 뛴
만큼 절망할 것입니다. 그래서 방향을 잡는 자의 빛은 말씀의 횃불이
어야 합니다. 왜 그럴까요? 우리의 경주는 이 세상이 주는 금·은·동
메달이 아니라 주님이 생명의 면류관을 씌워 주시는 경주이기 때문
입니다. 그래서 끼어들지도 말고, 편법도 쓰지 말아야 합니다. 오롯이

생명의 말씀을 비추고 가야 합니다.

> 그러므로 내 사랑하는 형제들아 견실하며 흔들리지 말고 항상 주의
> 일에 더욱 힘쓰는 자들이 되라 이는 너희 수고가 주 안에서 헛되지
> 않은 줄 앎이라 _고전 15:58

바울은 세상의 금메달을 딴 것은 아니지만, 오히려 생명의 금메달을 향한 결승의 마지막 피치를 올리는 것같이 기쁘다고 말합니다.

> 17 만일 너희 믿음의 제물과 섬김 위에 내가 나를 전제로 드릴지라
> 도 나는 기뻐하고 너희 무리와 함께 기뻐하리니 18 이와 같이 너희
> 도 기뻐하고 나와 함께 기뻐하라 _빌 2:17~18

사랑하는 성도 여러분, 신앙생활은 시작만 복음으로 하고, 그다음부터는 통밥으로 하는 것이 아닙니다. 계속 말씀의 복음으로 사는 것이 신앙생활입니다. "말씀은 그렇지만…… 제 경험에는……" 이런 말을 하면 안 됩니다.

복음으로 시작했다가 말씀의 복음을 망각해서는 안 됩니다. 그러면 은혜로 시작했다가 율법으로 끝나는 이상한 망조가 듭니다. 옛날에는 선교사들을 'missionary'라고 부르기 전에 'bible man, bible woman'으로 불렀다고 합니다.

저는 지금이 우리가 다시 말씀의 횃불을 들어야 할 때라고 믿습

니다. 바이블 맨, 바이블 우먼이 되십시오. 아멘!

"종이 종을 부리면 식칼로 형문(刑問)을 친다"는 말이 있습니다. 형문은 몽둥이로 정강이를 때리며 심문하는 것인데, 종이 종의 시절을 망각하면 자기 종을 다룰 때 더 살벌하고 악랄하게 몽둥이가 아닌 칼로 그를 다룬다는 뜻입니다. 시집살이를 혹독하게 한 며느리가 며느리를 보면 더 잡는다는 말과 비슷합니다.

여러분의 마음에 원망과 불평이 가득하고, 짜증이 나고, 답답합니까? 예전의 성령 충만했던 시절은 다 지나가고, 아무런 의욕도 없이 껍데기만 남아 있는 것 같습니까? 이럴 때 말씀의 복음으로 다시 일어서야 합니다.

"거친 세상에서 실패하거든 그 손 못 자국 만져라"라는 찬송가 가사가 있습니다(새 456장, 통 509장). 제가 좋아하는 찬송 중의 하나인데 이 가사는 정말 진리 중에 진리입니다. 예수님의 못 자국 난 손을 만지는 심정으로 돌아가라는 뜻입니다.

그러므로 우리는 다시 말씀의 횃불을 들어야 합니다. 다시 복음으로 돌아가야 합니다. 출애굽의 감격을 회복해야 합니다. 복음의 초심으로 돌아가는 여러분 되기를 바랍니다.

우리가 이 세상에서 방향잡이를 하는 방법은
말씀의 횃불을 높이 쳐드는 것입니다.
학문의 횃불, 인문학의 횃불, 도덕의 횃불이 아니라
말씀의 횃불을 높이 쳐들어야 합니다.
다른 횃불은 모두 헛되기 때문입니다.

적용질문

† 내 몸의 약한 부분을 강하게 하기 위해 특별히 운동을 해 본 경험이 있습니까?

† 빌립보 교회가 받은 구원을 이루어 가기 위해 'work out' 해야 할 부분들을 바울은 네 가지로 콕 집어 주문하고 있습니다. 아래 빈칸을 채워 가며 나에게 필요한 work out이 무엇인지 나눠 봅시다.

• --------------------------------- (빌 2:14, 출 16:2~3, 벧전 4:9)
• --------------------------------- (빌 2:15a)
• --------------------------------- (빌 2:15b)
• --------------------------------- (빌 2:16~17, 고전 15:58)

† 하나님의 말씀대로 분명하게 'Shine like stars!' 빛을 내기 위해 세상에서, 교회에서 내가 적용해야 할 것은 무엇입니까(빌 2:15b)?

Chapter

12

그대 그런 사람을
가졌는가

빌립보서 2장 19~30절

19 내가 디모데를 속히 너희에게 보내기를 **주 안에서** 바람은 너희의 사정을 앎으로 안위를 받으려 함이니 20 이는 뜻을 같이하여 너희 사정을 진실히 생각할 자가 이밖에 내게 없음이라 21 그들이 다 자기 일을 구하고 그리스도 예수의 일을 구하지 아니하되 22 디모데의 연단을 너희가 아나니 자식이 아버지에게 함같이 나와 함께 복음을 위하여 수고하였느니라 23 그러므로 내가 내 일이 어떻게 될지를 보아서 곧 이 사람을 보내기를 바라고 24 나도 속히 가게 될 것을 **주 안에서** 확신하노라 25 그러나 에바브로디도를 너희에게 보내는 것이 필요한 줄로 생각하노니 그는 나의 형제요 함께 수고하고 함께 군사된 자요 너희 사자로 내가 쓸 것을 돕는 자라 26 그가 너희 무리를 간절히 사모하고 자기가 병든 것을 너희가 들은 줄을 알고 심히 근심한지라 27 그가 병들어 죽게 되었으나 하나님이 그를 긍휼히 여기셨고 그뿐 아니라 또 나를 긍휼히 여기사 내 근심 위에 근심을 면하게 하셨느니라 28 그러므로 내가 더욱 급히 그를 보낸 것은 너희로 그를 다시 보고 기뻐하게 하며 내 근심도 덜려 함이니라 29 이러므로 너희가 **주 안에서** 모든 기쁨으로 그를 영접하고 또 이와 같은 자들을 존귀히 여기라 30 그가 그리스도의 일을 위하여 죽기에 이르러도 자기 목숨을 돌보지 아니한 것은 나를 섬기는 너희의 일에 부족함을 채우려 함이니라_빌 2:19~30

만릿길 나서는 길
처자를 내맡기며
맘놓고 갈 만한 사람
그 사람을 그대는 가졌는가

온 세상 다 나를 버려
마음이 외로울 때에도
'저 맘이야' 하고 믿어지는
그 사람을 그대는 가졌는가

탔던 배 꺼지는 시간
구명대(救命帶) 서로 사양하며
"너만은 제발 살아다오" 할
그 사람을 그대는 가졌는가

[중략]

불의(不義)의 사형장에서
"다 죽여도 너희 세상 빛을 위해
저만은 살려두거라" 일러줄
그 사람을 그대는 가졌는가

잊지 못할 이 세상을 놓고 떠나려 할 때
"저 하나 있으니" 하며
빙긋이 웃고 눈을 감을
그 사람을 그대는 가졌는가

온 세상의 찬성보다도
"아니" 하고 가만히 머리 흔들 그 한 얼굴 생각에
알뜰한 유혹을 물리치게 되는
그 사람을 그대는 가졌는가

[중략]

- 함석헌, <그 사람을 가졌는가> [1]

여러분은 이 시에 나오는 그런 사람을 가졌습니까? 빌립보서 2장 전반부를 요약하자면 이렇습니다. 당시 빌립보 교회 안에는 하나 되지 못하게 하는 분열의 바이러스가 번지고 있었습니다. 바울은 이것을 해결하기 위해 먼저 우리의 롤 모델(role model)이신 주님의 모습, 주님의 태도를 가지라고 말합니다. 예수님은 하나님이시지만 하나님과 동등됨을 취하지 아니하시고, 낮아지시되 성육신하여 우리 가운데 오셨습니다. 바울은 순종하여 죽기까지 십자가 지신 주님의 태도를

---

1) 함석헌, 『수평선 너머』, (주)도서출판 한길사, 2009, 243~244쪽.

본받아 "받은 구원에 걸맞게 work out을 하라"고 권면합니다.

그러면서 함석헌 시인이 말하는 "그런 사람"이 자신에게도 있다 며 두 사람을 언급합니다. 빌립보 교회에 그와 같이 본을 보이며 사는, 예수님을 닮은 모델 디모데와 에바브로디도가 있다는 것입니다.

저도 디모데와 에바브로디도 같은 성도들을 추천하고 싶은데 쉽 지가 않습니다. 왜 쉽지 않을까요? 그런 롤 모델을 할 만한 분이 계시 지 않아서일까요? 아닙니다. 제가 섬기는 교회에도 그런 분이 참 많이 계십니다. 그런데 쉽지 않다고 하는 이유는 제가 이런 얘기를 하는 순 간 시험에 드는 성도가 있을까 봐 염려돼서입니다. "아, 목사님은 이 장로랑, 김 집사랑 친하시구나. 피~, 치~" 하지 않을까 염려되기 때문 입니다. 그래서 함부로 추천도 못 합니다. 그런데 바울은 공개적으로 믿음의 동역자인 디모데와 에바브로디도를 추천합니다. 두 사람의 공통된 특징이 무엇입니까? 누가 보더라도 추천하는 데 주저함이 없 을 사람이라는 것입니다. 우리 교회는 그런 사람을 가졌을까요? 그리 고 나는 그런 사람일까요? 이 두 질문을 생각해 봅시다.

함께 수고한 친구 : Availability

22 **디모데**의 연단을 너희가 아나니 자식이 아버지에게 함같이 **나와 함께 복음을 위하여 수고**하였느니라 …… 25 그러나 **에바브로디도** 를 너희에게 보내는 것이 필요한 줄로 생각하노니 그는 나의 형제요

함께 수고하고 함께 군사 된 자요 너희 사자로 내가 쓸 것을 돕는 자

라_빌 2:22, 25

제 눈에 띄는 단어가 있는데 바로 '함께'입니다. '함께'라는 말보다 정겨운 말이 또 있을까 싶습니다. "함께하면 똑같이 한다"는 말이 있습니다. 그 사람과 함께하면, 그 사람처럼 행동하게 된다는 것이지요.

한 사역자가 어느 목사님처럼 되려고 애를 썼는데, 결국 그 목사님이 섬기는 교회의 부교역자로 지원했습니다. 그리고 그분 옆에서 목회를 배웠다는데, 정말 모든 게 그 목사님과 비슷했습니다.

디모데나 에바브로디도의 입장에서도 사도 바울 옆에서 함께 배우는 것 자체가 영광이었을 것입니다. 그러나 바울의 입장에서는 뭐니 뭐니 해도 자기 옆에 와서 함께하는 이들이 고맙고, 참 힘이 되었을 것 같습니다.

더구나 바울은 자기의 이름으로 누구를 보낸 적이 거의 없습니다. 그런데 **디모데**는 세 번씩이나 파송했다는 기록이 나옵니다.

2 우리 형제 곧 그리스도의 복음을 전하는 하나님의 일꾼인 **디모데를 보내노니** 이는 너희를 굳건하게 하고 너희 믿음에 대하여 위로함으로 3 아무도 이 여러 환난 중에 흔들리지 않게 하려 함이라 우리가 이것을 위하여 세움 받은 줄을 너희가 친히 알리라_살전 3:2~3

디모데가 이르거든 너희는 조심하여 그로 두려움이 없이 너희 가운

데 있게 하라 이는 그도 나와 같이 주의 일을 힘쓰는 자임이라

_고전 16:10

데살로니가와 고린도에 이어 디모데를 에베소에 보낸 적도 있습니다. 그리고 로마 감옥에 갇혀 있던 바울이 디모데를 찾았던 것을 우리는 기억합니다.

9 너는 어서 속히 내게로 오라 …… 13 네가 올 때에 내가 드로아 가보의 집에 둔 겉옷을 가지고 오고 또 책은 특별히 가죽 종이에 쓴 것을 가져오라_딤후 4:9, 13

그래서 에베소에 있던 디모데는 걸어서 족히 40일이나 걸리는 거리를 단숨에 달려갑니다. 이런 디모데야말로 사도의 권위를 물려받을 만한 자격이 있는 바울의 동역자입니다.

에바브로디도 역시 '함께'라는 수식에 걸맞은 동역자였습니다. '함께 군사 된 자'란 표현은 '같이' 싸운 자로서 전우애가 있다는 것을 의미합니다. 에바브로디도는 빌립보에서 로마까지 1,100마일(mile)이 넘는 거리를 40일이 넘게 걸어가서 바울에게 헌금을 전달했을 것입니다. 헌금을 들고 그 먼 거리를 간다는 것은 한마디로 목숨을 건 일입니다. 빌립보 교회에서는 바울의 투옥 소식을 듣고 가장 신중하고 덕이 되는 사람을 파송해야 했는데, 그 사람이 바로 에바브로디도였습니다. 이 이름은 성경 전체에서 여기서만 나옵니다.

저는 '그가 누굴까?' 생각해 봤습니다. 빌립보 교회를 시작할 때 개척 멤버 세 사람이 있었습니다. 자색 옷감 장사 루디아와 귀신 들렸다가 회복된 노예 출신의 여인, 그리고 로마 군인 출신의 간수입니다. 바울과 실라가 탈옥한 줄 알고 스스로 자결하려고 했던 그 간수입니다. 하지만 바울은 간수를 살리기 위해 탈옥하지 않았습니다. 그러자 그 간수가 감옥에 남아 있던 바울에게 무릎을 꿇고 "내가 어떻게 하여야 구원을 받으리이까?" 하고 묻습니다. 그때 바울이 뭐라고 대답했습니까? "주 예수를 믿으라 그리하면 너와 네 집이 구원을 받으리라"(행 16:31).

그렇게 구원받고 교회를 세우는 데, 함께한 간수 아닙니까. 그래서 저는 바울이 다시 감옥에 갇혔다는 소식을 들었을 때 그가 제일 먼저 반응했을 것 같습니다. "감옥에 갇혀 지내는 것이 얼마나 힘든 줄 아십니까?" 하면서 "제가 가겠습니다!" 하고 자원했을 것 같습니다. 혹시 그 로마 간수의 이름이 에바브로디도가 아니었을까 추측해 봅니다. 다시 30절을 보십시오.

그가 그리스도의 일을 위하여 죽기에 이르러도 **자기 목숨을 돌보지 아니한 것은 나를 섬기는 너희의 일에 부족함을 채우려 함이니라**

_빌 2:30

'너희의 일에 부족함'이란 무슨 뜻입니까? 자신과 '함께' 할 수 없던 너희의 부족함을 뜻합니다. '마음은 원이로되 같이 할 수 없는' 공간적·시간적 제한을 뜻합니다. 그러나 에바브로디도는 그 부족함을 채우며, 자신을 쓰라고 유용하게(available) 내놓았습니다. 한마디로 함께했다는 것입니다. God doesn't look for an able man, He looks for an available man!(하나님은 능력 있는 사람을 찾지 않으십니다. 그분은 유용한 사람을 찾으십니다!)

아무리 실력이 있으면 뭐합니까? 함께할 수 없는데……. 아무리 돈이 있으면 뭐합니까? 좋은 데 쓰지 못하고 꼭 쥐고 있는데……. 여러분, 아끼면 똥 됩니다. 자신을 유용하게 내놓으시길 바랍니다. Make yourself available!

교회 사정에 세심한 친구 : Sensitivity

이는 뜻을 같이하여 **너희 사정을 진실히 생각할 자가** 이밖에 내게 없음이라 _빌 2:20 (디모데)

26 그가 너희 무리를 간절히 사모하고 **자기가 병든 것을 너희가 들은 줄을 알고 심히 근심한지라** 27 그가 병들어 죽게 되었으나 하나님이 그를 긍휼히 여기셨고 그뿐 아니라 또 나를 긍휼히 여기사 내 근심 위에 근심을 면하게 하셨느니라 28 그러므로 **내가 더욱 급히 그를 보낸 것은 너희로 그를 다시 보고 기뻐하게 하며** 내 근심도 덜려 함이니라 _빌 2:26~28 (에바브로디도)

에바브로디도가 병에 걸렸다가 회복한 일이 있었습니다. 그런데 그는 건강을 회복하고 나서 빌립보 교회 성도들이 이 소식을 듣고 걱정할까 봐 염려합니다. 그래서 심히 근심하였다고 합니다. 여러분은 이 마음을 아십니까? 바로 교회를 생각하는 사람의 마음입니다.

단체 사진을 고를 때 자기만 잘 나온 것만 보지 않고, 다른 사람이 눈을 감지는 않았는지, 표정은 괜찮은지를 살피는 사람이 있습니다. 눈에 띄지 않는 작은 몸짓 같지만 이것이 얼마나 교회를 따뜻하게 하는 윤활유가 되는 줄 아십니까? 세심하고 속 깊은 배려로 교회를 훈훈하게 하는 성도들 때문에 살맛이 나지 않습니까? 이런 사람은 꼭 사막에서 만난 냉수 같습니다.

몇 해 전 코로나 팬데믹 때에도 자기 구역 식구들을 내 식구 챙기듯이 전화해서 따뜻하게 안부를 묻고 기도해 주신, 시원한 냉수 같은 리더들이 있어서 교회가 살맛 나지 않았습니까?

스티비 원더(Stevie Wonder)가 부른 "I just called to say I love you, I just called to say how much I care(그냥 사랑한다고 말하려고 전화했어요. 내가 얼마나 당신을 아끼는지 말하려고 전화했어요)"라는 노래가 생각납니다.

"난 사실만 말해", "나니깐 이 말을 해 주는 거야", "난 성격이 원래 그래", "그래도 난 뒤끝은 없어" 이런 말을 하는 성도들이 있습니다. 하지만 이런 말을 하기 전에 한 번 더 생각해 보고 상대방을 세심히 배려하시기 바랍니다.

예수님을 생각나게 하는 친구

그들이 다 자기 일(interests)을 구하고 **그리스도 예수의 일**(interests)을 구하지 아니하되_빌 2:21

바울이 빌립보 교회를 진실로 생각하는 자가 디모데밖에 없다고 해서 그 말이 무슨 말인가 했더니, 21절에서 디모데야말로 "그리스도 예수의 일을 구하는" 자라고 설명합니다. 다들 교회를 위하는 것 같지만, 결국 자세히 들여다보면 자기의 일과 자기의 유익만 구합니다. 하지만 디모데는 정말로 교회를 위하고, 그리스도 예수의 일을 구하는 자라는 것입니다.

그러면 에바브로디도는 어떻습니까?

그가 그리스도의 일을 위하여 죽기에 이르러도 자기 목숨을 돌보지 아니한 것은 나를 섬기는 너희의 일에 부족함을 채우려 함이니라

_빌 2:30

디모데와 에바브로디도의 삶을 보면, 그들의 헌신을 보면, 예수님이 절로 생각납니다. 정말로 좋은 친구란 예수님을 떠오르게 하는 친구라고 생각합니다. 바울은 구체적인 예로 이 두 사람을 언급했습니다. 이런 친구가 여러분에게 있습니까?

세상 친구는 어쩌면 우리를 배신하고, 우리를 아프게 할 수 있습

니다. 우리에게 실망을 줄 때도 많습니다. 그러나 늘 우리와 함께하시며 자신을 십자가 위에 내어 주신 우리의 친구가 있습니다. 바로 예수님! 우리의 자존심을 지켜 주시면서 우리를 세심히 배려해 주시는 예수님! 말도 안 되고 두서도 없고, 신음하는 것 같은 우리의 기도에도 신실하게 응답해 주시는 예수님! 우리의 죄 때문에 십자가를 지시며 묵묵히 아파해 주시는 주님이 우리의 친구이기에 오늘도 살맛 납니다. 할렐루야!

디모데와 에바브로디도의 삶을 보면,
그들의 헌신을 보면, 예수님이 절로 생각납니다.
정말로 좋은 친구란 예수님을 떠오르게 하는 친구라고
생각합니다. 바울은 구체적인 예로 이 두 사람을 언급했습니다.
이런 친구가 여러분에게 있습니까?

적용질문

† 빌립보 교회 안에 심상치 않은 분열의 조짐이 있을 때, 바울은 예수님의 태도를 본받으라고 권면합니다. 그리고 본문에서 그 구체적인 예로 두 사람을 언급합니다. 그들은 누구입니까?

† 두 사람의 공통점은 무엇입니까? 그들이 우리에게 주는 교훈은 무엇입니까?

- -----------------------------------(빌 2:22, 25, 살전 3:2~3, 딤후 4:9, 13)
- -----------------------------------(빌 2:20, 26~28)
- -----------------------------------(빌 2:21, 30)

† 예수님을 생각나게 하는 친구가 있습니까? 우리에게 신실하신 친구,
예수님이 계심을 감사하고 있습니까? 그래서 살맛이 납니까?

Part 3

함께
나를 본받으라

개 조심!

빌립보서 3장 1~3절

1 끝으로 나의 형제들아 주 안에서 기뻐하라 너희에게 같은 말을 쓰는 것이 내게는 수고로움이 없고 너희에게는 안전하니라 2 개들을 삼가고 행악하는 자들을 삼가고 몸을 상해하는 일을 삼가라 3 하나님의 성령으로 봉사하며 그리스도 예수로 자랑하고 육체를 신뢰하지 아니하는 우리가 곧 할례파라 _빌 3:1~3

정책 모임을 마치고 돌아오는 기내에서 영화 한 편을 보았습니다. 안소니 홉킨스(Anthony Hopkins)가 아카데미 남우주연상을 받은 〈더 파더(The Father)〉라는 영화입니다. 그는 이 영화로 아카데미 시상식에서 '가장 많은 나이에 주연상을 받은' 배우가 되었습니다. 치매 환자의 입장에서 영화를 재구성함으로써 관객으로 하여금 혼돈을 경험하게 하면서 오히려 치매 환자의 혼돈을 이해하게 만드는 영화입니다. 치매는 "대뇌 신경세포의 손상 따위로 말미암아 지능, 의지, 기억 따위가 지속적으로 본질적으로 상실되는 병"입니다.

그런데 은혜의 기억을 상실하는 병은 뭐라고 병명을 지어야 할지 모르겠습니다. 바울은 은혜를 잊어버린 자를 본문에서 "개", "행악자"라고 명명하고 있습니다.

애완견을 키우는 분들이 많은데 좀 조심해야 합니다. 개보다 뒤에 가면 개보다 못한 사람이 되고, 개하고 나란히 가면 개 같은 사람이 되고, 개보다 앞서가면 개보다 더한 사람이 된다고 하지요. '개 운운' 하는 욕이 요즘 생긴 게 아닙니다. 역사가 꽤 깊습니다. 개(dog)는 정말 심한 표현입니다. 그런데 바울이 "개들을 삼가라(Beware of dogs)!"라고 합니다. 큰 개를 키우는 집 앞에 써 붙이는 사인 아닙니까? "크리스천은 늘 언어 순화를 해야 한다, 말을 잘 해야 한다"고 제가 누누이 말씀드렸습니다. 그런데 갑자기 개들을 삼가라니요. 바울이 누구를 향해 이렇게 거친 말을 쏟아 놓은 것일까요? 8절에도 '이런 말을 써도 되나?' 하는 단어가 또 하나 등장합니다. '배설물(dung)'입니다. 말이 좋아 배설물이지 '똥'입니다. 크리스천이 이런 심한 말을 해도 될까요?

바울은 왜 이런 말을 썼을까요? 불량배들이 쓰는 "담가라", "손 봐 줘라" 같은 말이 유행하는 것처럼, 자신이 얼마나 트렌디한지를 보여 주려고 그런 말을 쓴 것일까요? 그렇지 않습니다. 하나님의 말씀이 성령의 감동으로 쓰인 것을 믿는 자들이라면 바울이 왜, 또 어떤 의도로 그런 말을 입에 담았을까 생각해 보아야 합니다. 사도 바울이 굳이 개, 똥을 언급한 이유가 여기에 있습니다.

개 조심!

우리의 안전 때문입니다

끝으로 나의 형제들아 주 안에서 기뻐하라 **너희에게 같은 말을 쓰는 것이** 내게는 수고로움이 없고 너희에게는 **안전하니라** it is a safeguard for you [NIV] _ 빌 3:1

안전에 관한 문제이기 때문입니다. 야생 개에게 물려 본 사람이라면 이것이 얼마나 중요한 문제인지 알 것입니다.

언젠가 주인과 함께 산보하던 개가 지나가는 사람을 한 번도 아니고 세 번이나 물은 사건이 있었습니다. 그래서 "그 개를 안락사시켜야 한다"는 요구가 있자, 개 주인이 반발해서 소송까지 걸었습니다. 하지만 결국 법정은 개를 안락사하라고 판결했습니다. 사람을 무는 개는 법정에서도 봐주지를 않습니다. 성경에서 등장하는 '개'의 이미지를 보아도 그렇습니다.

> **개**들이 나를 에워쌌으며 악한 무리가 나를 둘러 내 수족을 찔렀나이다 _ 시 22:16

> 거룩한 것을 **개**에게 주지 말며 …… _ 마 7:6a

> 참된 속담에 이르기를 **개**가 그 토하였던 것에 돌아가고 ……
> _ 벧후 2:22a

10 이스라엘의 파수꾼들은 맹인이요 다 무지하며 **벙어리 개들이**라 짖지 못하며 다 꿈꾸는 자들이요 누워 있는 자들이요 잠자기를 좋아하는 자들이니 11 **이 개들은** 탐욕이 심하여 족한 줄을 알지 못하는 자들이요 그들은 몰지각한 목자들이라 다 제 길로 돌아가며 사람마다 자기 이익만 추구하며 _사 56:10~11

흔히 걱정 없이 놀고먹는 사람을 일컬을 때 '개 팔자'라고 하지요. 하지만 바울 시대의 개 팔자는 그러지 못했습니다. 당시 개의 이미지는 첫째 더럽고, 둘째 사납고, 셋째 주인까지 무는 존재였습니다. 이 쓰레기 저 쓰레기 뒤지고 다니는 더러운 동물에 불과했습니다. 그래서 순수한 복음에 이물질을 타서 오염시키고, 하나님의 사람들을 이간질하여 물어뜯고, 교회를 어지럽히는 자를 개에 비유한 것입니다. 복음은 '있는 그대로' 들어야 하는데, 그 순수한 복음에 뭔가 다른 것, 이물질을 넣는 그런 사람들 말입니다.

당시 아테네(아덴)에서 바울 일행이 복음을 전할 때 사도행전의 저자 누가는 헬라 문화를 이렇게 적었습니다.

모든 아덴 사람과 거기서 나그네 된 외국인들이 **가장 새로운 것을 말하고 듣는 것 이외에는** 달리 시간을 쓰지 않음이더라 _행 17:21

복음은 고상하게 뭔가 새것을 발표하고 연설하는 것이 아니라 정확한 진리를 반복하는 것이라고 할 수 있습니다. 그래서 바울이 "같

은 말을 쓰는 것"을 수고롭다 생각하지 않고, 다시 반복해서 확인하고 또 확인하는 것입니다.

신앙은 그런 의미에서 반복입니다. 신앙에는 고급반이 없습니다. 실은 여러분이 듣는 설교도 엄밀히 말하면 반복입니다. 매주 본문이 바뀌면서 새로운 설교를 준비하지만, 결국 같은 메시지의 반복입니다. 그렇지만 이상하게도 은혜를 받는 자의 마음에는 이 똑같이 반복되는 진리의 복음이 처음 듣는 것처럼 새롭게 들립니다. 귀를 할례하고, 눈을 새롭게 뜨는 감격과 은혜가 넘치는 것입니다. 만약 '늘 그게 그거다' 식으로 설교가 들리기 시작한다면 이때부터 조심해야 합니다.

그렇다면 안전하기 위해 바울이 반복해서 주는 권면은 무엇입니까?

"주 안에서 기뻐하라"입니다.

주 안에서

"주 안에서"라는 말이 지난 2장에서 세 번이 반복되었고, 본문에서도 다시 반복됩니다. 마치 선을 그어 놓고 "주 안에 있으라"고 반복해서 명령하는 것 같습니다. "선 밖으로 나가면, 주 밖으로 나가면 위험하다"는 것입니다. 애틀랜타(Atlanta)의 스톤 마운틴(Stone Mountain, 세계 최대의 단일 화강암 바위산) 공원에 가 보신 분들은 바위에 금을 그어 놓

176

고 "더 이상 가지 마시오"라고 써 붙인 경고문을 보셨을 것입니다.

그런데도 우리가 주 밖에서 기뻐하는 것은 무엇이 있을까요?

하나님의 성령으로 봉사하며 그리스도 예수로 자랑하고 육체를 신뢰하지 아니하는 우리가 곧 할례파라 _빌 3:3

이 3절 말씀의 반대가 '주 밖으로' 나가서 기뻐하는 것입니다. 그리하면 결국 위험하다는 것입니다. 성령으로 봉사하지 않는 것(여기서 봉사는 사회봉사가 아니라, '성전' 봉사, λατρεύοντες를 뜻함), 자기 힘과 꾀와 경력으로 예배에 나올 수 있다고 생각하는 것, 예수님을 자랑하지 않고 자신의 육체와 세상적인 것을 자랑하며 하나님보다 자신을 더 믿는 것, 이런 것이 내 신앙, 내 교회에 정말 위험하다는 것입니다. 그러므로 이런 공식이 성립될 수 있습니다.

할례당, 행악자 ↔ 하나님의 성령으로 '성전' 봉사, 예배하는 자

수학 문제 하나는 잘못 풀 수 있습니다. 그것으로 우리가 절망하지는 않습니다. 그러나 주 안에서 기뻐하지 않으면 결국 우리는 절망에 빠지게 될 것입니다. 다시 일어나지 못할 수렁에 빠질 수 있습니다. 그러므로 바울은 말합니다.

개들을 삼가고 행악하는 자들을 삼가고 몸을 상해하는 일을 삼가라 _빌 3:2

개들을 '조심'하라고 합니다. 개에게 물렸을 때 힘으로 여러분이 개를 이길 수 있다고 해도, 광견병에 걸릴 수 있으니 그것이 무서운 것입니다. 독성 바이러스를 가지고 다니는 개가 누구입니까? 이 개에 물리면, 예배에, 신앙생활에 치명적인 손상(damage)을 입게 됩니다. 한마디로 '기쁨'에 문제가 생긴다고 할 수 있습니다.

그렇다면 당시 '개들, 행악하는 자들'은 누구일까요? 3절에서 우리가 진짜 '할례파'라는 말을 바울이 하는 것으로 보아서는 개들, 행악자들은 "할례를 해야 구원받는다"라고 주장하는 유대주의자들을 두고 하는 말이 분명합니다. 그들은 손으로 할례를 행함으로 '몸을 상해하는' 자들입니다. 즉, 복음의 진리를 인간의 행위로 전락시키는 자들입니다. 거룩한 진리를 한낱 인간의 수련 정도로 만들어 '기쁨'을 앗아간 할례파들입니다. 바울에게 이들은 타협의 대상이 아닙니다.

13 그런 사람들은 **거짓 사도**요 속이는 일꾼이니 자기를 그리스도의 사도로 가장하는 자들이니라 14 이것은 이상한 일이 아니니라 사탄도 자기를 **광명의 천사로 가장**하나니 15 그러므로 **사탄의 일꾼들도** 자기를 의의 일꾼으로 가장하는 것이 또한 대단한 일이 아니니라 그들의 마지막은 그 행위대로 되리라_고후 11:13~15

그러나 우리나 혹은 하늘로부터 온 천사라도 우리가 너희에게 전한 복음 외에 다른 복음을 전하면 **저주를 받을지어다**_갈 1:8

너희를 어지럽게 하는 자들은 스스로 **베어 버리기를 원하노라**

_갈 5:12

다른 가르침으로 교회에서 이간질하는 것, 이러한 행위를 하는 자들, 이 개들을 조심하라고 합니다. 교회에서 말씀의 가르침은 목회자의 책임입니다. 무엇보다 말씀의 가르침은 양성적으로 교회에서 진행되어야 합니다. 음성적으로 진행되고 있다면, 육체를 신뢰하는 것입니다. 순간적이며, 잠시 잠깐의 눈속임에 결코 우리의 영혼을 맡길 수 없습니다. 그것은 정말 위험합니다! 그러므로 개들을 조심하십시오(Beware, *Βλέπετε*)!

예수 안에서 자랑과 기쁨

카피라이터 이만재 씨가 윤형주 장로에게 전도를 받고 그 감동을 쓴 책인 『세상 속의 막 쪄낸 찐빵』에 실린 내용입니다.

윤형주 씨의 지성은 놀랍다. 혹시라도 제가 전도한 초보신자의 마음이 흐트러질까 봐 매일같이 '안부' 전화를 걸어온다. 나 같은 사람의 게으름으로는 꿈도 꾸지 못할 일이다. …… (구역 식구들과 식사 모임을 가졌는데) 좋은 밤에 좋은 사람들끼리 좋은 안주 앞에 놓고도, 술 한 잔 찾는 법 없이 도란도란 마냥 즐겁기만 한 이 별종의 무주인간(無酒人間)

들……. 마치 외계에서 비행접시 타고 내려온 우주인들 같다. 저녁 시간, 성인 남녀가 식당에 모여서 술 없이 그냥 맹숭맹숭 안주만 먹어 본 희한한 첫 경험! 그런데도 왠지 기분은 까닭 없이 좋다.

저는 이것이 주 안에서 기뻐하는 한 단면이라고 생각합니다.
(故)김준곤 목사님은 자신의 저서 『예수칼럼』에 다음과 같은 글을 남겼습니다.

사강은 "어떤 미소"를 썼다. 살벌하고 처절한 생의 어떤 상황에서도 크리스천에게는 어떤 여유, 어떤 공간이 있어야 한다. 그것을 신앙적 유머 혹은, 품성의 해학적 매력이라 해도 좋다. 지금은 주부가 된 내가 사랑하는 C.C.C.의 한 자매가 있다. 아무리 긴장되고 심각한 상황에서도 그가 말하면 모두들 영혼 속까지 웃음의 문이 열린다. 구린내로 모두들 상을 찡그린 분위기에서 맛있는 멸치젓 냄새 같다고 할 사람, 다사로운 햇볕같이 만나기만 하면 모두들 행복을 느끼는 밝고 포근한 자매, 자기 자신은 항상 담백하고 욕심이 없다. 그와 반대로 서릿발 같고 먹구름처럼 저기압을 몰고 다니는 보기만 해도 오싹한 사람이 있다. 크리스천은 만나고 싶어지는 사람, 말이 없어도 옆에 있으면 예수 같이 느껴지는 어떤 공간을 가져야 한다.

예수 안에서 누리는 만족과 기쁨! 그것이 오늘도 우리를 안전하게 지켜 줄 것을 믿습니다.

매주 본문이 바뀌면서 새로운 설교를 준비하지만,
결국 같은 메시지의 반복입니다.
그렇지만 이상하게도 은혜를 받는 자의 마음에는
이 똑같이 반복되는 진리의 복음이
처음 듣는 것처럼 새롭게 들립니다.
만약 '늘 그게 그거다' 식으로 설교가 들리기 시작한다면
이때부터 조심해야 합니다.

적용질문

† 치매는 지능과 기억 등이 본질적으로 상실되는 병입니다. 만약 우리가 하나님의 은혜를 잊어버리는 병에 걸린다면 그 병명은 뭐라고 해야 할까요?

† 바울이 "개들을 삼가라"는 강한 표현을 사용합니다. 그것이 우리의 안전과 직접 관계되기 때문입니다. 다음의 참고 구절을 살피면서 복음이 순수성을 잃어버리면 어떻게 되는지 나눠 봅시다(빌 3:1~2, 마 7:6a, 벧후 2:22a, 행 17:21).

† 바울은 "주 안에서 기뻐하라"고 권면합니다. 여기에는 주 밖으로 나가 기뻐하는 것은 위험하다는 의미가 담겨 있습니다. 주 안에서 기뻐한다는 것은 어떤 의미입니까(빌 3:3, 고후 11:13~15, 갈 1:8, 5:12)?

† 주 안에서 기뻐하는 교회 지체들의 이야기를 나눠 봅시다.

Chapter

14

배설물(Dung)
설명회

빌립보서 3장 4~11절

4 그러나 나도 육체를 신뢰할 만하며 만일 누구든지 다른 이가 육체를 신뢰할 것이 있는 줄로 생각하면 나는 더욱 그러하리니 5 나는 팔일 만에 할례를 받고 이스라엘 족속이요 베냐민 지파요 히브리인 중의 히브리인이요 율법으로는 바리새인이요 6 열심으로는 교회를 박해하고 율법의 의로는 흠이 없는 자라 7 그러나 무엇이든지 내게 유익하던 것을 내가 그리스도를 위하여 다 해로 여길뿐더러 8 또한 모든 것을 해로 여김은 내 주 그리스도 예수를 아는 지식이 가장 고상하기 때문이라 내가 그를 위하여 모든 것을 잃어버리고 배설물로 여김은 그리스도를 얻고 9 그 안에서 발견되려 함이니 내가 가진 의는 율법에서 난 것이 아니요 오직 그리스도를 믿음으로 말미암은 것이니 곧 믿음으로 하나님께로부터 난 의라 10 내가 그리스도와 그 부활의 권능과 그 고난에 참여함을 알고자 하여 그의 죽으심을 본받아 11 어떻게 해서든지 죽은 자 가운데서 부활에 이르려 하노니_빌 3:4~11

사도 바울이 예수 믿기 전에 만약 누군가가 그에게 와서 **"당신은 천국에 갈 수 있습니까?"** 라고 물었다면 그는 주저함 없이 **"당연하죠"** 라고 대답했을 것입니다. 그리고 "왜 갈 수 있다고 자신합니까?" 하고 두 번째로 묻는다면 아마 자랑스럽게 이렇게 말했을 것입니다. 그 대답이 바로 4절에 나와 있습니다.

그러나 나도 육체를 신뢰할 만하며 만일 누구든지 다른 이가 육체를 신뢰할 것이 있는 줄로 생각하면 나는 더욱 그러하리니 _빌 3:4

복음을 혼탁하게 하는 '개', '행악자'들이 '육체를 신뢰할 만한 것'으로 빌립보 교회 성도들을 유혹했습니다. 그러자 바울은 자신이 당당히 천국 갈 수 있다고 믿었던 일곱 가지의 대표 이력을 밝힙니다. 첫째부터 넷째까지는 태생적으로 얻은 배설물들이고, 그다음 세 가지는 자기 실력으로 얻은 배설물들입니다. 그래서 지금부터 그 배설물들에 관한 설명회를 하려고 합니다.

바울의 혈통(Pedigree)

나는 팔일 만에 할례를 받고 이스라엘 족속이요 베냐민 지파요 히브리인 중의 히브리인이요 …… _빌 3:5a

첫째, 팔일 만에 할례를 받다
태어난 지 8일 만에 포경수술을 했다는 것이 지금 시대에는 별 의미가 없다고 볼 수도 있습니다. 그러나 유대주의자들의 입장에서는 그렇지 않습니다. 할례는 아브라함이 받은 명령이기 때문입니다.

> 11 너희는 포피를 베어라 이것이 나와 너희 사이의 언약의 표징이니라 12 너희의 대대로 모든 남자는 집에서 난 자나 또는 너희 자손이 아니라 이방 사람에게서 돈으로 산 자를 막론하고 난 지 **팔 일 만에 할례를 받을 것이라**_창 17:11~12

이스마엘은 그의 나이 13세에 할례를 받았습니다(창 17:25). 지금은 그 나이에 세례를 받습니다. 당시 이교도들은 대부분 어른의 나이에 할례를 받고 유대교로 개종했습니다. 그런데 바울은 8일 만에 할례를 받았다는 것입니다. '팔일파(eight day-er)'라는 말이 있었는데, 보통 우월감을 주는 말이 아닙니다.

둘째, 이스라엘 족속

이것은 히브리인으로 태어나 누리는 특권을 말합니다. 태어났기 때문에 얻는 자연적 생득권(birthright)입니다. 지금 이스라엘은 저출산과 타민족과의 결혼으로 순수 혈통이 도전받고 있답니다. 그래서 순수 혈통을 지키려고 엄청나게 노력하고 있습니다. 유대인 총인구의 37%만 이스라엘 영토에서 살고 있는데, 디아스포라를 들어오게 해서 2030년까지 인구를 1,800만으로 늘리는 데 총력을 다하고 있답니다. 그러나 이것은 선민사상에서 비롯된 것입니다. 이스라엘 족속이면 하나님으로부터 선택받은 민족이라는 선민사상이, 다른 민족을 차별하는 이유가 된 것입니다.

　제가 미국에서 40년을 살았는데도 제일 많이 듣는 질문이 있습니다. "Where are you from?", '어디 출신입니까?'입니다. 질문한 사람이 기대하는 답은 중국, 일본 아니면 한국입니다. 그럼에도 저는 "I'm from Orange County, ca", 오렌지 카운티 출신이라고 합니다. 그러면 질문한 사람은 저의 동문서답에 어색한 표정을 짓습니다. 40년을 미국에서 살고, 미국인처럼 선글라스를 쓰고 있어도 저는 'American-american'이 아니라 'Asian'이기 때문입니다.

셋째, 베냐민 지파

　야곱과 그가 사랑하는 아내 라헬 사이에서 나온 두 아들이 요셉과 베냐민입니다. 그런데 라헬이 베냐민을 낳으면서 산고로 죽게 됩니다. 라헬은 죽기 직전 아들의 이름을 '슬픔의 아들'이라는 뜻인 '베노니'라고 짓지만, 야곱은 그 아들을 '나의 오른손'이라는 뜻의 '베냐민'이라고 부릅니다(창 35:18).

　이후 베냐민 지파는 이스라엘에서 아주 중요한 역할을 하는 자랑스러운 지파가 됩니다. 이스라엘의 초대 왕인 사울이 베냐민 지파에서 나온 것입니다. 그래서 사도 바울이 태어났을 때, 베냐민 지파 출신인 바울의 부모는 그의 이름을 초대 왕의 이름을 본떠 사울이라고 지었는지 모릅니다. 한마디로 왕족이라는 것입니다.

　제가 용궁 김씨인데, 시조가 김존중입니다. 신라 마지막 왕 경순

왕의 넷째 아들 김은열의 8세손으로 고려조 때 태자시학이었다고 합니다. 어느 날 90세에 가까운 할아버지를 만났는데 그분이 자신을 '용궁 김씨'라고 소개했습니다. 그때 핏줄이 당긴다는 말이 무슨 뜻인지 알겠더군요. 여러분, 저도 왕족입니다. 베냐민 지파의 자부심이 그런 것입니다.

넷째, 히브리인 중의 히브리인

미국에서 태어나서 미국에서 자라고, 미국의 유명 대학을 졸업한 자녀들이 한국말을 유창하게 하면 다들 깜짝 놀랍니다. 여러분, 한국인 2세가 한국말 악센트 없이 영어를 잘하는 것이 장점입니까? 단점입니까? 당연히 장점입니다.

바울은 이스라엘 태생은 아니고 소위 디아스포라로 다소 출생 히브리인입니다. 그럼에도 불구하고 히브리어를 너무 잘했습니다. 잘하는 정도가 아니라 예루살렘에 유학을 와서 당시 최고의 랍비인 가말리엘 문하에서 배운 수재였습니다.

여기까지 보면 바울은 육체를 신뢰할 만한 대단한 사람입니다. 자기가 뭘 어떻게 해서라기보다는 부모를 잘 만난 덕에 얻은 경력이라고 할 수 있습니다. 그러나 그다음 전력들은 바울이 스스로 얻어낸 것들입니다.

바울의 전력(Antecedents)

5b ······ 율법으로는 바리새인이요 6 열심으로는 교회를 박해하고 율법의 의로는 흠이 없는 자라_빌 3:5b~6

다섯째, 율법으로는 바리새인

바울이 바리새파에 속한 것을 보면 그가 얼마나 열심히 노력했는지 알 수 있습니다. 이는 실로 대단한 일입니다. 주전 2세기에 조직된 바리새파는 구약의 율법에 온전히 헌신된 그룹이었습니다. 율법에 대한 실력이 없으면 절대로 낄 수 없는 클럽이었습니다. 돈으로 멤버십을 살 수도 없을뿐더러 태생만으로도 얻을 수 없는 특권계층입니다. 완벽하지 않으면 들어갈 수 없고, 흠이 하나라도 있으면 퇴출될 수밖에 없는 클럽이 바리새파입니다. 이 말인즉, 율법에 대한 바울의 헌신이 애매하고 모호한 것이 일절 없었다는 뜻입니다.

여섯째, 열심으로는 교회 박해

바울은 유대주의자로서 자신의 경력이 의심된다면 스데반을 죽이고, 교회를 박해하는 데 앞장섰던 자신의 기록을 보라고 합니다. 기독교인들을 율법에서 어긋한 이단으로 생각해서 그들을 확실히 제거하려고 했던 자가 다름 아닌 바울 자신이었기 때문입니다.

일곱째, 율법의 의로는 흠이 없다

바울은 자신이 모든 율법을 다 지켰다고 말합니다. 안식일법, 정결의식법, 제사법 등 하나도 어긴 것이 없다고 합니다. 이런 사람이 정치를 해야 한다는 생각이 들 정도로, 털어도 먼지 안 나오는 사람이 바로 바울입니다.

유대주의자들이 보기에 기독교인들은 자신들의 기준보다 낮은 복음을 전했습니다. 그래서 기독교인들을 증오한 것입니다. 결국 육체를 신뢰하는 자들은 복음이 너무 수월한 것 같아서 더 강한 헌신과 희생을 요구합니다. 인간적인 관점에서는 요구 사항이 많고, 너무 수준이 높으면 사람들이 떨어져 나갈까 봐 걱정할 것 같은데, 유대주의자들은 오히려 수준이 낮아지는 것에 민감해했습니다. 그런데 주의할 점은 이런 것이 통한다는 겁니다. 이단들은 주로 형식화된 종교 시스템에 환멸을 느낀 사람들이나 너무 열정적인 것에 거부감을 느끼는 자들을 찾아 보통 사람의 수준을 넘는 '고양된 기준'으로 유혹합니다.

그렇다면 바울은 어떻게 변하게 된 것일까요? 물론 그는 다메섹 도상에서 부활의 예수님을 만나 변했습니다. 하지만 그 전에 스데반 집사의 순교 현장을 본 것이 그에게 엄청난 충격으로 다가왔던 것 같습니다. 아마도 그때 변화의 전조가 있었다고 추측합니다.

> 공회 중에 앉은 사람들이 다 스데반을 주목하여 보니 그 얼굴이 천사의 얼굴과 같더라 _행 6:15

스데반 집사는 복음을 전한 후 돌에 맞아 순교합니다. 그때 돌 던지는 사람들의 옷을 맡아 주던 자가 바울입니다.

> 54 그들이 이 말을 듣고 마음에 찔려 그를 향하여 이를 갈거늘 55 스
> 데반이 성령 충만하여 하늘을 우러러 주목하여 하나님의 영광과 및
> 예수께서 하나님 우편에 서신 것을 보고 56 말하되 보라 하늘이 열
> 리고 인자가 하나님 우편에 서신 것을 보노라 한대 57 그들이 큰 소
> 리를 지르며 귀를 막고 일제히 그에게 달려들어 58 성 밖으로 내치고
> 돌로 칠새 증인들이 옷을 벗어 사울이라 하는 청년의 발 앞에 두니라
> 59 그들이 돌로 스데반을 치니 스데반이 부르짖어 이르되 주 예수여
> 내 영혼을 받으시옵소서 하고 60 무릎을 꿇고 크게 불러 이르되 주여
> 이 죄를 그들에게 돌리지 마옵소서 이 말을 하고 자니라 _행 7:54~60

복음을 전하다가 유대주의자들에게 돌을 맞아 순교하는 스데반
집사의 마지막 장면입니다. 바울은 스데반 집사에게서 구원을 보았고,
천국을 보았습니다. 자기는 찾고 찾아도 아직 못 찾은 것 같아 불안한
데, 스데반 집사는 찾은 것 같습니다. 아니 좀 더 정확히 말하자면 '찾아
진' 것 같은 것입니다.

발견되어진(εἰρεθῶ) 바울

7 그러나 무엇이든지 내게 유익하던 것을 내가 그리스도를 위하여

다 해로 여길뿐더러 8 또한 모든 것을 해로 여김은 내 주 그리스도 예수를 아는 지식이 가장 고상하기 때문이라 내가 그를 위하여 모든 것을 잃어버리고 배설물로 여김은 그리스도를 얻고 9 **그 안에서 발견되려 함이니** 내가 가진 의는 율법에서 난 것이 아니요 오직 그리스도를 믿음으로 말미암은 것이니 곧 믿음으로 하나님께로부터 난 의라

7 But whatever was to my **profit** I now consider **loss** for the sake of Christ 8 What is more, I consider everything a loss compared to the surpassing greatness of knowing Christ Jesus my Lord, for whose sake I have lost all things. I consider them rubbish, that I may gain Christ 9 **and be found in him**, not having a righteousness of my own that comes from the law, but that which is through faith in Christ--the righteousness that comes from God and is by faith [NIV]_빌 3:7~9

종교의 특징은 수행을 통해 자신이 찾는 것에 집중하는 것입니다. 그러나 예수님은 다메섹으로 향하는 바울에게 친히 찾아오셨습니다. 육체를 신뢰함으로 얻어지는 의는 예수님을 믿음으로 말미암아 선물로 얻어지는 의와 비교하면 아무것도 아닙니다. 바울이 육체의 이력서를 위해 그토록 열심히 살았던 이유가 무엇입니까? 너와 나를 비교하는 차별과 반목 때문입니다.

7절과 8절에 보면 '유익(profit)'과 '해(loss)'라는 회계 용어들이 등장

합니다. 바울은 육체적으로 쌓은(육체를 신뢰할 만한) 경력으로 인생의 백만장자가 된 줄 알았습니다. 그런데 막상 뚜껑을 열어 보니(예수님을 만나고 보니) 자신이 영적 파산(spiritually bankrupt)한 자와 같았다는 것입니다. 스스로 찾고 다 얻었다고 생각했는데, 실제로 인생은 피폐해져 있고, 쌓은 경력들은 다 배설물에 지나지 않았다는 것이 바울의 고백입니다.

'내가 한 나쁜 일과 좋은 일을 저울에 달아서 좋은 일 쪽으로 더 기울면 천국에 간다'라고 생각하면, 잘못된 계산입니다. 내가 행한 죄가 그렇게 감쇄되는 것이 아닙니다. 빌립보 감옥의 간수가 바울에게 "어떻게 하면 구원을 얻을 수 있겠습니까?"라고 물었을 때 바울이 뭐라고 답했습니까? "좀 더 노력하라!"가 아니라 "주 예수를 믿으라!"였습니다.

그렇습니다. 천국은 믿음으로 가는 것입니다. 예수 그리스도의 의를 믿음으로 갈 수 있습니다. 우리가 보기엔 이것이 쉬울 것 같지만, 바리새인들에게는 죽도록 안 되는 일입니다. 그래서 바른 복음을 말하는 바울이 죽도록 싫은 것입니다.

희대의 살인자가 예수 믿고 천국 갔다는 간증에 자존심 상해하는 우리야말로 이런 바리새인과 다름없습니다. 복음을 듣고 '믿기만 하면 천국은 아무나 가나?' 하며 자존심이 상해 교회를 떠나는 분이 혹 있을 수 있습니다. 바울이 회심하기 전에 그랬습니다. 그는 "나의 업적", "나의 이력"으로 충분히 천국에 갈 수 있다고 생각했습니다. 만일 그런 분들이 있다면 이제 그 생각을 내려놓아야 합니다. 나의 인격, 나의 이력, 나의 업적과 성취를 하나님 앞에 내려놓지 않는 한 우리는 천국에 갈 수 없습니다.

바울에게 다시 묻습니다. "당신은 천국에 갈 수 있습니까?" 그는 주저 없이 "네!"라고 대답할 것입니다. "왜 갈 수 있다고 확신합니까?"라고 물으면, "오직 예수 그리스도를 믿음으로 그의 의가 나의 의로 여겨져 하나님 안에서 발견되었기 때문입니다"라고 할 것입니다.

예전부터 친하게 지내던 분이 있습니다. 하루는 그분에게 한 집사님이 "목사님하고 그렇게 친하면서 왜 목사님이 섬기는 교회에는 안 다니세요?"라고 물었습니다. 그러자 이분이 "제가 그 교회를 가고 싶은데, 거기 가면 꼴 보기 싫은 사람이 있어서 못 가요" 이러는 겁니다. 그러니까 "그 살인마가 예수 믿고 천국에 갔다고? 나는 그런 천국에는 가기 싫어. 자존심 상해서 못 가겠어" 이런 것과 같습니다. 이것이 바로 유대주의자들, 예수 믿기 전에 바울이 지은 죄입니다.

그런데 여러분, 다른 복음으로 천국을 갑자기 이상한 나라로 만들어 버리는 사람이 누구입니까? 바로 우리 자신이라는 것을 알아야 합니다. 바울이 기독교인들을 박해하고, 스데반을 돌로 쳐 죽인 이유도 그렇습니다. "당연히 나 같은 사람이 천국에 가야지. 우리 집이 몇 대째 기독교 집안인데……", "내가 십일조를 얼마를 많이 하는데, 내가 안 가면 누가 천국에 가겠어!" 아직도 이런 생각을 하고 있지는 않습니까? 그러나 천국은 돈으로도, 힘으로도, 벼슬로도, 지식으로도, 어여뻐도, 마음 착해도 못 갑니다. 거듭나면 가는 나라, 믿음으로 가는 나라가 하나님 나라입니다. 이것이 바로 은혜입니다.

나의 인격, 나의 이력, 나의 업적과 성취를
하나님 앞에 내려놓지 않는 한
우리는 천국에 갈 수 없습니다.

적용질문

† 바울이 말하는 '육체를 신뢰할 만한 것'은 무엇입니까(빌 3:4~6)?

- ----------------------------------
- ----------------------------------
- ----------------------------------
- ----------------------------------
- ----------------------------------
- ----------------------------------
- ----------------------------------

† 바울의 회심에 가장 영향을 끼친 스데반 집사의 순교 장면을 읽고, 바
  울이 어떤 고민에 빠졌을지 생각해 봅시다. 나도 바울과 같은 고민을
  한 적이 있습니까(행 6:15, 7:54~60)?

† 바울의 계산법으로는 무엇이 유익(profit)이고 무엇이 해(loss)입니까?
  그래서 그가 무엇을 잃어버렸다고 합니까(빌 3:7~8)?

† 이웃이 어떻게 천국에 갈 수 있냐고 물으면 뭐라고 대답하겠습니까
  (빌 3:9, 행 16:30~31)?

Chapter

15

성인 전용
(Adult Only)

빌립보서 3장 10~16절

10 내가 그리스도와 그 부활의 권능과 그 고난에 참여함을 알고자 하여 그의 죽으심을 본받아 11 어떻게 해서든지 죽은 자 가운데서 부활에 이르려 하노니 12 내가 이미 얻었다 함도 아니요 온전히 이루었다 함도 아니라 **오직 내가 그리스도 예수께 잡힌 바 된 그것을 잡으려고 달려가노라 but I press on to make it my own, because Christ Jesus has made me his own** [ESV] 13 형제들아 나는 아직 내가 잡은 줄로 여기지 아니하고 오직 한 일 즉 뒤에 있는 것은 잊어버리고 앞에 있는 것을 잡으려고 14 푯대를 향하여 그리스도 예수 안에서 하나님이 위에서 부르신 부름의 상을 위하여 달려가노라 15 그러므로 누구든지 우리 온전히 이룬 자들은 이렇게 생각할지니 만일 어떤 일에 너희가 달리 생각하면 하나님이 이것도 너희에게 나타내시리라 16 오직 우리가 어디까지 이르렀든지 그대로 행할 것이라_빌 3:10~16

미국에서는 성인용 영화에 R등급 이상이 주어집니다(한국은 '19금', '청소년 관람불가'). 그리고 그 곁에는 이런 설명이 붙어 있습니다. "graphic language and violence(욕설, 폭력) & Adult content(성인용)" 그래서 어른들은 아이들이 이런 영화를 보면 안 될 것 같아서 아이들의 귀를 막고, 눈을 가리기도 합니다. 그런데 말입니다. 실제로 아이들이 경험하는 세상은 동화처럼 아름답지 않습니다. 현실은 거칠고 녹록지 않습니다. 그러나 성인이라면 이런 것들을 감당해야 합니다. 그래서 히브리서에서도 이렇게 기록하고 있습니다.

> …… 너희가 다시 하나님의 말씀의 초보에 대하여 누구에게서 가르침을 받아야 할 처지이니 **단단한 음식**은 못 먹고 **젖**이나 먹어야 할 자가 되었도다 _히 5:12b

즉, 단단한 음식을 소화시킬 수 있는 영적으로 성숙한 성인들이 있고, 아직 그 정도는 힘들고 젖 정도만 소화시킬 수 있는 영적으로 미숙한 유아들이 있다는 것입니다.

> 그러므로 **누구든지 우리 온전히 이룬 자들은 이렇게 생각할지니 All of us who are mature should take such a view of things** [NIV] 만일 어떤 일에 너희가 달리 생각하면 하나님이 이것도 너희에게 나타내시리라 _빌 3:15

이 말씀은 곧 영적으로 성숙한 자들은 반드시 이렇게 생각해야 한다고 권면하는, '성인용 교훈'입니다. 앞서 14장에서 바울은 자신에 대해 설명하면서 빌립보 교회 성도들이 미혹받고 있는 배설물들을 이야기했습니다. 모두 남들이 부러워하는 목록입니다. 이런 이야기를 잘못하면 바울이 비호감이 될 수도 있습니다. 상당히 민감한 부분입니다.

제가 전도사일 때 어느 목사님이 제가 섬기는 교회에 오셔서 설교를 하시면서 자기 아들 얘기를 하셨습니다. 아들이 MIT 공대를 다니는데, 졸업하면서 "선교사가 되겠다"고 했다는 것입니다. 그런데 MIT 나온 아들이 선교사가 된다니깐 "아깝다"는 생각이 먼저 들더랍니다. 그러나 결론은 주를 위하여 MIT를 내려놓고, 선교사로 나가는 아들을 축복했다고 하셨습니다.

그런데 이때 '아멘!' 하는 성도님들도 있었지만, 약간 비위가 상한 분들도 있었습니다. 이 부분을 이해하십니까? 바울이 그런 느낌을 주는 부분이 좀 있습니다. 바울도 남들이 부러워하는 것을 '배설물'이라고 했습니다. 그러더니 그다음에 이런 당찬 고백을 합니다.

10 내가 그리스도와 그 부활의 권능과 그 고난에 참여함을 알고자 하여 그의 죽으심을 본받아 11 어떻게 해서든지 죽은 자 가운데서 부활에 이르려 하노니 _빌 3:10~11

이 정도면 저와 같은 평범한 사람들이 범접할 수 있는 수준이 아닙니다. 흥미를 갖다가도 도저히 접근할 수 있는 수준이 아니라서 금세 포기하게 됩니다. 그럴까 봐 걱정된 바울이 곧장 하는 말을 들어 보십시오.

12a 내가 **이미 얻었다 함도 아니요 온전히 이루었다 함도 아니라**
…… 13 형제들아 **나는 아직 내가 잡은 줄로 여기지 아니하고** ……
앞에 있는 것을 잡으려고 14b …… 달려가노라_빌 3:12a~14b

바울은 영적 성인들은 당연히 이렇게 생각해야 한다고 말하는
것입니다. "내가 어떻게 해? 나는 못해! 사도 바울같이 특별한 사람들
이나 하는 거지……." 이러지 말고, "달려가라(press on)" 하며 격려하는
것입니다. 그러면서 두 가지 달려갈 수 있는 영적 성인 전용(rated R) 내
용을 소개합니다.

부르신 부름(The Upward Call)

풋대를 향하여 그리스도 예수 안에서 **하나님이 위에서 부르신 부름**
의 상을 위하여 달려가노라_빌 3:14

왜 달려갈 수 있습니까? 우리는 하나님이 부르신 자, 하나님이 위
에서 부르신 부름을 받은 자이기 때문입니다. 하나님이 "한요야~" 하
고 제 이름을 부르신 이유가 무엇일까요?

어릴 때 다들 이런 경험은 한두 번쯤 있을 겁니다. 학교를 마치고
친구들과 술래잡기하며 뛰놀다 보면 저녁밥 먹을 시간이 된 것도 잊어
버립니다. 그러면 어머니가 집 밖으로 나오셔서 우리 이름을 크게 부름

니다. 하지만 노는 게 더 좋은 아이들은 어머니가 아무리 불러도 아랑 곳하지 않습니다. 그러나 하나님이 우리를 부르시는 것은 이런 부름과는 많이 다릅니다.

예수님과 친밀한 사이였던 나사로가 죽었습니다. 동굴 무덤에 안치되고 이미 나흘이나 지났기에 그에게는 시신 썩는 냄새가 났습니다. 주님은 이런 나사로를 부르셨습니다. 이게 바로 본문의 부르심과 같은 것입니다.

이 말씀을 하시고 큰 소리로 나사로야 나오라 부르시니 _요 11:43

그때 나사로는 베로 동인 시신 그대로, 얼굴에 수건이 덮인 그대로 걸어 나옵니다. 이것이 하나님의 부르심입니다. 말 안 듣는 우리 아이들을 부르듯이 여러 번 부를 필요도 없고, 소리를 높일 필요도 없습니다. 죽은 시신도 "옛썰(yes, sir)!" 하고 순종하여 걸어 나오는 부르심입니다. 그런 부르심을 우리가 받았다는 것입니다.

28 우리가 알거니와 하나님을 사랑하는 자 곧 그의 뜻대로 **부르심을 입은 자들에게는** 모든 것이 합력하여 선을 이루느니라 …… 30 또 미리 정하신 그들을 또한 **부르시고 부르신 그들을 또한 의롭다 하시고** 의롭다 하신 그들을 또한 **영화롭게** 하셨느니라 _롬 8:28, 30

하나님이 부르신 이상, 우리 삶 속에 일어나는 모든 것이 합력하여 선을 이루고, 주님이 우리를 의롭게 하시며, 영화롭게 하신다는 약속의 말씀입니다.

> 그리스도의 은혜로 너희를 부르신 이를 이같이 속히 떠나 다른 복음을 따르는 것을 내가 이상하게 여기노라 _갈 1:6

> 성경에 일렀으되 오늘 너희가 **그의 음성을 듣거든** 격노하시게 하던 것 같이 너희 마음을 완고하게 하지 말라 하였으니 _히 3:15

부활의 권능과 고난에 참여하고, 주의 죽으심을 본받고, 죽은 자 가운데 부활에 이르려면 높은 기준(high standard)에 기죽지 말라는 것입니다. 영적 성인이 된 자들은 시도하기도 전에 지레 포기하지 말라는 것입니다. 그렇습니다. 크리스천은 '내가 무엇을 이루었다!' 하고 외치는 자가 아닙니다. '나는 아직 완전하지 않다'는 사실을 아는 자입니다.

제가 2015년도에 '순대와 순교'라는 제목으로 쓴 칼럼의 내용입니다.

당시 선교지가 내전 중임에도 귀국하지 않고, 자녀들과 함께 총알이 빗발치는 현장에 남아 현지인을 섬기시던 아프리카 선교사님이 계셨습니다. 추수감사절을 맞이해서 제가 그 가정을 격려하고자 선교사님에게 "뭐 드시고 싶은 거 없으세요?" 하고 물었습니다. 순대를 먹고 싶다고 하셔서 제가 진공포장한 순대와 라면과 잡지, 그리고 당시 한창 인기를 끌던 한국 드라마 영상도 같이 보내 드렸습니다. 그랬더니 그 선교사님이 이메일로 답장을 보내오셨습니다. 드라마를 본 소감과 함께 순대와 관한 에피소드를 쭈욱 적으셨습니다.

그 내용인즉슨 순대를 처음 보는 아이들은 징그럽다며 먹지 않고, 부부가 단둘이 순대를 맛있게 먹고 있는데, 옆집에 사는 선교사 부부가 놀러 왔답니다. 이웃 선교사 부부는 순대를 보고는 눈이 휘둥그레져서 식탁에 앉더니 '마파람에 게 눈 감추듯' 그 아까운 순대를 싹 먹어 치우더랍니다. 그런데 이게 끝이 아닙니다. 그 순대를 다 먹고 난 이웃집 선교사 내외가 계속 입맛을 다시면서 순대가 또 없는지 물었습니다. 그 순간 선교사님은 냉장고 안에 남겨 둔 순대가 더 있는데도 "없다!"라고 거짓말을 했답니다. 순교도 할 각오로 전쟁 중인 선교지에, 그것도 아이들과 함께 남아 있는데, 그까짓 '순대 유혹'에 거짓말까지 한 것입니다. 그러니 얼마나 찔렸겠습니까?

'죽으면 죽으리라' 했던 선교사도 순대 하나에 넘어지는 연약한 인간입니다. 우리는 여기서 둘 중의 하나를 선택할 수 있습니다. 첫째는 '그럼 그렇지 내가 무슨 순교야, 내가 무슨 선교사야, 어차피 은혜로 구원받는 건데, 무슨 존경을 받겠다고 이 고생고생을 하면서 선교지에 있어?' 하고 포기하고 돌아가는 것입니다. 하지만 이것은 영적 유아기의 선택입니다. 둘째는 '이렇게 순교가 아닌 순대에 넘어지는 연약한 나를 주님이 그래도 충성스럽다 여겨 선교사로 부르셨는데, 회개하고 다시 달려가자!' 이것이 영적 성인의 선택입니다.

여러분, 은혜가 무엇입니까? 거저 받았으니 그냥 아무렇게나 살자고요? 아무 노력도 안 하고 될 대로 산다고요? 그런 유아기적 발상을 버려야 합니다.

이후 선교사님은 회개하고 이웃 선교사님 부부를 다시 집으로 초대해서 순대를 나눠 먹었습니다. 그랬더니 그 이웃 선교사님도 자기 집에 숨겨 놓았던 황태를 들고 와서 함께 나눠 먹었답니다.

아무리 넘어져도 나에게 소망이 있음을 깨닫고 다시 뛰어야 합니다. '나는 안돼……' 하던 자들에게 하나님의 말씀을 조명하여 소망을 줌으로써 그들을 다시 일으켜 세우고, 다시 뛰게 하는 것이 은혜입니다.

실패한 자리에서 자기연민에 빠져 '이래서 못해, 누구 때문에 못해' 하며 포기해선 안 됩니다. "계속 달려가라(press on)"고 해야 합니다. 우리는 부르심을 받은 자이기 때문입니다.

우리가 영적 성인으로서 또 달려가야 할 이유를 바울은 이렇게 밝힙니다.

> …… 온전히 이루었다 함도 아니라 **오직 내가 그리스도 예수께 잡힌 바 된 그것을 잡으려고 달려가노라** …… but I press on to **make it my own**, because Christ Jesus has **made me his own** [ESV]
>
> _빌 3:12b

주님이 나를 잡으셨는데, 나는 그것을 잡으려고 달려간다(press on)는 말이 그림이 잘 그려지지는 않습니다. "내가 그리스도 예수께 잡힌 바 되었다"는 것은 한마디로 "예수님이 나를 붙잡으셨다"는 뜻입니다. 여기서 '잡혔다'라는 말의 개념은 영어 번역이 좀 더 분명한 것 같은데, '넌 내 거야'라는 뜻입니다. 그래서 나도 "주님은 내 거!"라고 하기 위해 press on, 달려가겠다는 것입니다.

'나 주님 거', '주님 내 거' 하기

문제는 주님은 우리에게 '너 내 거 하자' 하셨는데, 우리가 어린 애처럼 자꾸 의심한다는 것입니다. 여러분은 짝사랑의 아픔을 아십니까? 가끔은 나를 너무도 사랑하시는 주님이 우리를 영원히 짝사랑하게 하시는 것은 아닌가 싶습니다.

인피니트(INFINITE)가 부른 〈내꺼하자〉라는 노래가 있습니다.

내꺼 하자
내가 널 사랑해 어?
내가 널 걱정해 어?
내가 널 끝까지 책임질게

주님은 이 가사처럼 우리에게 "넌 내 거야", "내가 널 사랑한다, 널 끝까지 책임질게"라고 말씀하십니다. 그런 한편으로는 "그런데 왜 너는 자꾸 의심하니?” 하며 안타까워하시는 것입니다. 베드로는 그럼에도 우리가 끝까지 달려갈 수 있는 이유를 이렇게 밝힙니다.

> 4 썩지 않고 더럽지 않고 쇠하지 아니하는 유업을 잇게 하시나니 곧 너희를 위하여 하늘에 간직하신 것이라 5 너희는 말세에 나타내기로 예비하신 구원을 얻기 위하여 믿음으로 말미암아 하나님의 능력으로 **보호하심**을 받았느니라 _벧전 1:4~5

의심이 들고, 포기하고 싶을 때마다 저는 이 말씀을 떠올립니다.

> 15 여인이 어찌 그 젖 먹는 자식을 잊겠으며 자기 태에서 난 아들을 긍휼히 여기지 않겠느냐 그들은 혹시 잊을지라도 나는 너를 잊지 아니할 것이라 16a **내가 너를 내 손바닥에 새겼고** …… _사 49:15~16a

하나님이 “넌 내 거야”를 이렇게 표현하십니다. “너를 내 손바닥에 새겼다!”

우리도 간혹 볼펜으로 자기 손바닥에 이름이나 전화번호를 적을 때가 있지요. 하지만 그렇게 적은 이름은 물로 손 한번 씻으면 다 지워집니다. 그런데 하나님은 우리의 이름 정도가 아니라, ‘우리 자체를’ “내 손바닥에 새겼다”라고 말씀하십니다. 하나님의 사랑은 씻는다고 지워지거나 흐려지지 않습니다. 하나님은 저물어 가는 태양이 절대 아닙니다. 지나가는 우박이나 번개, 안개처럼 금세 사라지는 존재가 아닙니다. 그런데도 우리는 하나님을 사막의 신기루 보듯이 합니다. 그래서 끊임없이 하나님의 사랑을 의심하여 염려하고 두려움에 시달립니다.

그럼에도 우리를 당신의 손바닥에 새기신 하나님은 나의 실패와 의심, 나의 모자라는 인격과 어쩔 수 없는 처지, 나의 부족, 나의 죄, 나의 모든 것을 손바닥에 새기고, 그 손에 자신의 못을 박으셨습니다. 그리고 하신 말씀이 "넌 내 거야"입니다.

그러므로 우리가 비록 부족해도 오늘도 포기하지 않고, "주님도 내 것입니다!"라고 외치며 달려갈 수 있는 것입니다.

1 내가 산을 향하여 눈을 들리라 나의 도움이 어디서 올까 2 나의 도움은 천지를 지으신 여호와에게서로다 _시 121:1~2

십자가에서 "넌 내 거야" 하시는 주님을 날마다 바라보시길 바랍니다. 그러면 성인 전용(Adults only) 정도가 아니라, 천국 시민 전용(Saints only)이 될 줄 믿습니다.

크리스천은 '내가 무엇을 이루었다!' 하고
외치는 자가 아닙니다.
'나는 아직 완전하지 않다'는
사실을 아는 자입니다.

적용질문

✝ 자녀들이 언제 걸음마를 시작했습니까? 나는 언제부터 걷고 뛰었습니까?

✝ 사도 바울이 주님을 향한 마음을 어떻게 고백합니까? 빈칸을 채우며 바울의 열정을 느껴 봅시다(빌 3:10-11).
　・ "내가 그리스도와 그 부활의 권능과 그 고난에 참여함을 알고자 하여 그의 (　　　　)을 본받아 어떻게 해서든지 죽은 자 가운데서 (　　　　) 에 이르려 하노니."

† 바울은 자신이 완전하지 않다고 말합니다. 그 의미를 쉽게 자신의 말로
　풀어 봅시다(빌 3:12~14).

† 바울이 달릴 수 있는 근거를 제시합니다. 그 근거는 무엇이며, 그것이
　우리에게 시사하는 바는 무엇입니까?

　• _____(빌 3:14b, 요 11:43, 롬 8:28~30, 갈 1:6, 히 3:15)

　• _____(빌 3:12b, 벧전 1:4~5, 사 49:15~16a, 시 121:1~2)

Chapter

16

함께
나를 본받으라

빌립보서 3장 17~21절

17 형제들아 너희는 함께 나를 본받으라 그리고 너희가 우리를 본받은 것처럼 그와 같이 행하는 자들을 눈여겨 보라 18 내가 여러 번 너희에게 말하였거니와 이제도 눈물을 흘리며 말하노니 여러 사람들이 그리스도의 십자가의 원수로 행하느니라 19 그들의 마침은 멸망이요 그들의 신은 배요 그 영광은 그들의 부끄러움에 있고 땅의 일을 생각하는 자라 20 그러나 우리의 시민권은 하늘에 있는지라 거기로부터 구원하는 자 곧 주 예수 그리스도를 기다리노니 21 그는 만물을 자기에게 복종하게 하실 수 있는 자의 역사로 우리의 낮은 몸을 자기 영광의 몸의 형체와 같이 변하게 하시리라_빌 3:17~21

'농구의 황제'라 불리는 마이클 조던(Michael Jordan)이 한창 전성기를 구가할 때, 이런 광고문이 유행했습니다. "Be like Mike(마이클을 본받으라)" 이런 광고문이 가능했던 것은 그의 농구 실력 덕분이었습니다. 던지면 던지는 대로 들어가고, 마치 공중에서 곡예를 하듯 슈팅하는 놀라운 테

크닉, 갖은 기록을 깨고 우승을 휩쓴 전적으로 말미암아 "마이클을 본받으라"는 광고문이 전혀 어색하지 않았습니다.

그러나 17절에 "나를 본받으라"는 말씀은 조금 다른 차원이 아닐까 싶습니다. 우리가 "주기철 목사님을 본받읍시다, 손양원 목사님을 본받읍시다"라는 말은 할 수 있을지 모르지만 "나를 본받으라"는 말은 제정신이 아니면 감히 할 수 없습니다. 더구나 조금 전까지만 해도 "오직 겸손한 마음으로 각각 자기보다 남을 낫게 여기"(빌 2:3b)라고 말한 사도 바울 아닙니까? 그는 세상에서 부러워할 만큼 많이 배우고, 가진 것도 많았지만 그것들을 다 배설물로 여긴다고 했습니다. 그런데 "나를 본받으라(Follow my example)"니요. 이중인격자도 아니고, 왜 듣기 거북스럽게 "나를 본받으라(Be like me)"고 한 것입니까? 실은 사도 바울은 여기서뿐만 아니라 다른 곳에서도 비슷한 말을 했습니다.

그러므로 내가 너희에게 권하노니 너희는 **나를 본받는 자가 되라**

_고전 4:16

내가 그리스도를 본받는 자가 된 것 같이 너희는 **나를 본받는 자가 되라**_고전 11:1

…… 당신뿐만 아니라 오늘 내 말을 듣는 모든 사람도 다 이렇게 결박된 것 외에는 **나와 같이 되기를** 하나님께 **원하나이다** 하니라

_행 26:29b

또 너희는 많은 환난 가운데서 성령의 기쁨으로 말씀을 받아 **우리와 주를 본받은 자가 되었으니** You became **imitators of** us and of the Lord …… [NIV]_살전 1:6

우리에게 권리가 없는 것이 아니요 오직 스스로 너희에게 본을 보여 **우리를 본받게 하려 함이니라**_살후 3:9

바울이 이렇게나 많이 이야기한 것을 보니, 여기에는 무슨 근거가 있다고 생각합니다. 저는 그 근거를 **신학적 근거**라 말하고 싶습니다.

구원의 서정(the order of salvation)은 크게 칭의, 성화, 영화로 나아갑니다. 좀 더 자세히는 ① 예정 ② 부르심 ③ 거듭남 ④ 회심 ⑤ 칭의 ⑥ 양자 됨 ⑦ 성화 ⑧ 견인 ⑨ 영화의 단계로 나뉩니다. 구원의 순서라지만, 부르심에서 양자 됨까지는 동시적으로 일어난다고 보는 것이 맞습니다. 그 이후 성화와 견인은 시간을 두고 일어납니다. 우리가 예수를 믿어도 단번에 영화롭게 되는 것이 아닙니다. 성숙의 과정을 밟게 되어 있습니다.

하나님이 미리 아신 자들을 또한 **그 아들의 형상을 본받게 하기 위하여** 미리 정하셨으니 이는 그로 많은 형제 중에서 맏아들이 되게 하려 하심이니라 …… predestined to be conformed to the likeness of his Son …… [NIV]_롬 8:29

우리가 다 수건을 벗은 얼굴로 거울을 보는 것 같이 주의 영광을 보매 **그와 같은 형상으로 변화하여** being transformed into his likeness **영광에서 영광에 이르니** 곧 주의 영으로 말미암음이니라

_고후 3:18

즉, 신학적으로 우리가 본을 받아 자라 가는 '영적 성장 부분'이 분명히 있다는 것입니다. 그래서 "나를 본받으라"는 말은 정신 나간 헛소리가 아닙니다. 예수 믿는 우리는 원래 이런 말을 할 수 있어야 하고, 오히려 못 하는 것을 반성하고 회개해야 합니다. 신학적으로 구원의 서정이 맞다면, 주님을 본받아 성장하고 성숙하면서 "나를 본받으라"는 말을 할 수 있어야 합니다.

이를테면 믿지 않는 고등학교 동창에게 "나처럼 주일 예배에 참석했으면 좋겠다", 아직 믿지 않는 부모님이나 친척에게 "나처럼 예수 믿는 사람이 되셨으면 좋겠습니다"라고 권면하는 것입니다. 이런 차원에서 "나를 본받으라"고 할 수 있어야 합니다.

여기서 **본**(pattern, τύπον)은 옷을 만들 때 쓰는 원형을 말합니다. 디자이너가 옷의 모양을 그리고, 패턴사가 그 그림대로 패턴을 만들면, 패턴에 따라 마킹해서 각 사이즈(small, medium, large) 별로 옷을 만듭니다. 본을 따라 가위로 자르고, 망치로 두들겨서 완제품을 만들어 내듯이 우리도 '예수님의 본'을 따라 잘리고, 깎이고, 두들겨져야 하는 것입니다. 그런데 17절 말씀에서 자꾸 눈에 들어오는 한 단어가 있습니다.

형제들아 **너희는 함께** 나를 본받으라 …… _빌 3:17a

바로 '함께'라는 단어입니다. 그냥 '나를 본받으라'가 아니고 "함께" 본받으라고 합니다. 이는 곧 **"바른 목표를 향해 함께 뛰자"**라는 뜻입니다. 목표라는 말을 제가 첨가했는데, 지금까지의 문맥과 연결되기 때문입니다.

내가 이미 얻었다 함도 아니요 온전히 이루었다 함도 아니라 오직 내가 그리스도 **예수께 잡힌 바 된 그것을 잡으려고 달려가노라**

_빌 3:12

달려가려면 반드시 목표가 있어야 합니다. 목표가 중요합니다. 향방 없이 뛰는 것은 헛수고이며, 잘못된 방향으로 뛰는 것은 더 위험합니다.

13 형제들아 나는 아직 내가 잡은 줄로 여기지 아니하고 오직 한 일 즉 뒤에 있는 것은 잊어버리고 앞에 있는 것을 잡으려고 14 **푯대를 향하여** 그리스도 예수 안에서 하나님이 위에서 부르신 부름의 상을 위하여 달려가노라 _빌 3:13~14

목표 지점, 푯대를 향해 달음질하는 바울이 지금 옆에서 구경하고 있는 우리에게 손짓하며 "나처럼 해 보세요" 하며, "같이 뛰자"고

초청하는 것이 곧 "나를 본받으라"는 것입니다. 그는 이미 뛰고 있는 자들을 향해서도 "같이 뛰자"며 권면하고 격려합니다.

> 형제들아 너희는 함께 나를 본받으라 그리고 너희가 우리를 본받은
> 것처럼 **그와 같이 행하는 자들을 눈여겨 보라 keep your eyes on**
>
> _빌 3:17

제 생각에 여기서 너희는 디모데와 에바브로디도가 아닌가 싶습니다. 그리고 "눈여겨보라"의 성경 원어 σκοπεῖτε(스코페이테)는 '푯대(σκοπὸν)'라는 단어와 어원이 같습니다. "디모데와 에바브로디도도, 나도 푯대를 향해 달리듯이 너희도 함께 이 경주에 뛰어들어 같은 푯대를 향하여 달리자"라는 바울의 권면입니다. 그런데 살짝 그 푯대가 잘못된 자들도 있습니다. 바울은 그들을 '십자가의 원수'라고 일컫습니다.

십자가의 원수

> 내가 여러 번 너희에게 말하였거니와 이제도 눈물을 흘리며 말하노
> 니 여러 사람들이 **그리스도의 십자가의 원수로 행하느니라**_빌 3:18

빌립보 교회 성도들, 그리고 지금 우리 중에도 십자가와 완전히 다른 방향으로 달리는 자들이 있습니다. 다른 푯대를 향해서 달리는

사람들, 방향이 살짝 바뀐 그들의 푯대를 바울은 이렇게 표현하고 있습니다.

> 그들의 마침은 멸망이요 그들의 신은 배요 그 영광은 그들의 부끄러움에 있고 땅의 일을 생각하는 자라_빌 3:19

푯대, 신(god)	결과(destination)
배(stomach)	멸망(destruction)
땅의 일(earthly things)	영광은 그들의 부끄러움(disgrace)

방향을 잘못 잡고 갈 수 있는 확률을 극소화하기 위해 바울은 의도적으로 "함께" 서로 본받는 달리기를 하자고 초청했다고 봅니다. 이 이야기를 하면서 바울이 웁니다.

> 내가 여러 번 너희에게 말하였거니와 **이제도 눈물을 흘리며 말하노니**……_빌 3:18a

지금 바울이 빌립보서를 누군가에게 대서시키고 있다고 상상해 보십시오. "이제도 눈물을 흘리며 말하노니……"라고 한 것으로 보아 바울은 안타깝게 딴 길로 간 십자가의 원수들을 생각하니 울컥해서 더 말을 잇지 못한 것 같습니다. 바울은 얼굴을 가리고 울다가 겨우 진정하고, 말을 이었을 것입니다. 화가 나서 말을 잇지 못한 게 아니라, 십자가의 원리와 반대로 가는 이들을 보며 안타까워서 그랬으리라 생각합니다. 여기서 목회자의 마음을 느낄 수 있습니다. 그래서 바울이 함께 가자고 말하는 것입니다. 그래야 십자가의 원수가 되지 않을 수 있기 때문입니다.

한때 OTT 플랫폼인 넷플릭스(NETFLIX)에서 한국 드라마 〈오징어 게임〉이 시청률 1위를 기록하며 화제를 불러일으킨 적이 있습니다. 출연한 연기자들의 인기까지 덩달아 치솟고 그 열기가 장난이 아니었죠. 드라마 줄거리는 게임을 하면서 최후에 남는 자가 456억 원의 상금을 챙기는 것입니다. 오징어 게임은 오직 자신만 살아남기 위해 친구든 파트너든 그들을 죽음의 길로 떠밀어야 이기는 게임입니다. 이런 드라마가 왜 이렇게까지 세계적인 선풍을 일으켰을까요? 저는 우리의 인생과 이 게임이 공통분모가 있기 때문이 아닐까 생각합니다. '네가 죽어야, 내가 산다'는 오징어 게임의 룰.

그러나 믿는 우리는 십자가 게임을 하는 자들 아닙니까? 예수님이 십자가에서 죽으심으로 내가 살게 되었습니다. 그래서 이제 우리는 '내가 죽고 너를 살려 내는' 삶을 살아야 합니다. '네가 죽어야 내가 산다'는 오징어 게임은 십자가의 원리와 정반대입니다. 저는 이것이야말로 십자가의 원수가 아닌가 싶습니다.

그렇다면 '나는 세상이 주는 푯대를 향하여 오징어 게임을 하는 자인가, 주님을 푯대로 삼아 십자가 게임을 하는 자인가?' 스스로에게 물어봐야 할 것입니다.

『칭찬은 고래도 춤추게 한다』의 저자 켄 블랜차드(Ken Blanchard)가 쓴 『경호!(Gung Ho)』라는 책이 있습니다. '경호'는 중국어 '공화(工

和)'에서 유래한 말로, 자기 자신과 조직에 열정과 에너지를 북돋우는 구호처럼 사용되는데, 집요하고 포기하지 않는 정신을 말합니다. 이 책에서 저자는 '다람쥐 정신'을 소개하면서 "목표를 이해하고, 가치 있는 일을 제대로 실행하는 것이 공동체를 살린다"라고 했습니다. 14절 말씀처럼 '목표를 이해하고 가치 있는 달음질을 하는 것'을 의미합니다. 그럴 때 교회는 살아나고, 일어나게 됩니다.

> 20 그러나 우리의 시민권은 하늘에 있는지라 거기로부터 구원하는 자 곧 주 예수 그리스도를 기다리노니 21 그는 만물을 자기에게 복종하게 하실 수 있는 자의 역사로 우리의 낮은 몸을 자기 영광의 몸의 형체와 같이 변하게 하시리라_빌 3:20~21

영국 고양이 푸시의 이야기입니다.

"푸시(pussy), 너 지금 어디 다녀오냐?"
푸시가 대답합니다.
"여왕이 사는 버킹엄 궁전에 다녀왔어요."
"거기 가서 뭘 보고 왔냐?"
"여왕 의자 밑에 있는 생쥐만 보고 왔어요."

사랑하는 성도 여러분, 정작 푯대가 아닌 다른 곳을 보는 성도가 되지 않기를 바랍니다. 여러분은 지금 무엇을 보고 달려가고 있습니까? 여러분의 푯대는 무엇이며, 본받고 싶은 사람은 누구입니까? 아니면 다른 사람에게 본이 되고 있습니까? 오직 십자가만 보고 나아가는 여러분 되시길 바랍니다.

적용질문

† 내가 꼭 본받고 싶은 사람이 있습니까? 있다면 그 이유는 무엇입니까?

† 바울은 "나를 본받으라"고 말합니다. 이 말은 무슨 뜻입니까(빌 3:17, 고전 4:16, 11:1, 행 26:29b)?

† 바울이 자신을 본받으라고 말한 것은 그가 교만해서가 아닙니다. 크리 스천이라면 당연히 할 수 있는 말입니다. 왜 그럴까요(빌 3:12-14, 롬 8:29, 고후 3:18)?

† 우리가 바라보아야 할 본(원형)은 '예수 십자가'입니다. 바울은 이에 반하는 자들을 무엇이라고 표현했습니까? 그리고 그 결과는 어떠하다고 말합니까(빌 3:18~19)?

† 우리는 바울과 같이 눈물을 흘리는 자가 되어야 합니다. 이로써 서로의 본이 되어 주님을 닮아 가는 자들이 되기를 기도하고 있습니까(빌 3:18, 20~21)?

Chapter

17

변두리에서
여백으로

빌립보서 3장 20절 ~ 4장 1절

20 그러나 우리의 시민권은 하늘에 있는지라 거기로부터 구원하는 자 곧 주
예수 그리스도를 기다리노니 21 그는 만물을 자기에게 복종하게 하실 수 있
는 자의 역사로 우리의 낮은 몸을 자기 영광의 몸의 형체와 같이 변하게 하시
리라 1 그러므로 나의 사랑하고 사모하는 형제들, 나의 기쁨이요 면류관인 사
랑하는 자들아 이와 같이 주 안에 서라_빌 3:20~4:1

가수 정동원이 부른 〈여백〉이라는 제목의 노래 가사 중 일부입니다.

> *전화기 충전은 잘 하면서 내 삶은 충전하지 못하고 사네*
> **마음에 여백이 없어서** *인생을 쫓기듯 그렸네*

여백이라는 단어가 제 가슴에 꽂힙니다. 특별히 제가 오래전 고
향을 떠나 낯선 땅에 살다 보니 마음의 여백 없이 변두리로 밀려 정신

없이 뛰어왔기 때문입니다. 언젠가 미국에서 자라는 이민자의 자녀들에 대한 연구 논문을 관심 있게 읽은 적이 있습니다.

저자는 이 논문에서 코리안-아메리칸의 자아 형성에 'pastiche identity'라는 말을 사용했는데 쉽게 이야기하면 이것도 아니고, 저것도 아니라는 말입니다. 그래서 우리 2세들은 "이중으로 변두리 삶(doubly marginalized)을 산다"는 것입니다.

They assert that they have both Korean and American elements in their identity neither of which they can deny. This study calls this pastiche identity. However, others(whites, other Koreans) have difficulty accepting pastiche identity. They tend to reduce it to either Korean or American which makes them doubly marginalized. [1]

그들은 자신의 정체성에 한국적 요소와 미국적 요소가 둘 다 있다고 주장하는데, 둘 다 부인할 수 없습니다. 이 연구에서는 이를 '파스티시 정체성'이라고 부릅니다. 그러나 다른 사람들(백인, 다른 한국인)은 파스티시 정체성을 받아들이는 데 어려움을 겪습니다. 그들은 그것을 한국적이거나 미국적인 것으로 축소하는 경향이 있어 이중으로 소외됩니다.

---

1) Kim Myoung-Hye. (1992). Korean-American identity in the postmodern condition : narrative accounts of the politics of identity. University of Massachusetts

제가 굳이 이 논문의 내용 일부를 인용하는 것은 예수 믿는 사람들이 이런 비슷한 배경(context)에서 살고 있기 때문입니다. 세상 속에 살고 있기 때문에 세상 사람과 같습니다. 생긴 모습도 분명히 이 세상 사람입니다. 음식도 먹고, 공부도 하고, 결혼도 하고, 아이도 낳습니다. 그런데 말하는 것이나 생각하는 것은 이 세상 사람과 다릅니다. 이 세상에 발을 붙이고 사는데 이 세상과 동화될 수 없는 pastiche identity를 가지고 사는 자들입니다. 즉 '이것도 아니고, 저것도 아닌 정체성', pastiche identity는 크리스천을 두고 하는 말입니다.

사도 바울은 20절에서 크리스천의 이와 같은 존재 양상을 이렇게 표현하고 있습니다.

> 그러나 우리의 시민권은 하늘에 있는지라 ……_빌 3:20a

천국 시민권자

여기서 하나 주목할 점은 바울이 "우리의 천국 시민권은 죽은 후에 하늘나라에 가면 그때 갖게 될 것이다"라고 미래형으로 쓰지 않은 것입니다. 우리가 이 땅에 살고 있는 지금! 천국의 시민권을 가지고 산다는 것입니다. 다시 말해, 이 시민권이 지금 유효하고, 지금 효력이 발생하고 있다는 것입니다.

4 긍휼이 풍성하신 하나님이 우리를 사랑하신 그 큰 사랑을 인하여 5 허물로 죽은 우리를 그리스도와 함께 살리셨고 (너희는 은혜로 구원을 받은 것이라) 6 또 함께 일으키사 그리스도 예수 안에서 함께 하늘에 앉히시니 _엡 2:4~6

그가 우리를 흑암의 권세에서 건져내사 그의 사랑의 **아들의 나라로 옮기셨으니** _골 1:13

저는 미국 시민권자인데, 귀화(naturalization)라는 법적 절차를 밟아 미국 시민이 되었습니다. 우리 아이들은 미국에서 태어났기 때문에 귀화 과정 없이 미국 시민이 되었습니다. 천국 시민은 어떻게 될까요? 니고데모에게 예수께서 하신 말씀을 보겠습니다.

3b ······ 진실로 진실로 네게 이르노니 사람이 **거듭나지 아니하면** 하나님의 나라를 볼 수 없느니라 ······ 5b ······ 사람이 물과 **성령으로 나지 아니하면** 하나님의 나라에 들어갈 수 없느니라 _요 3:3b, 5b

성령 안에서 다시 태어나지 않으면 천국 시민권이 없다는 것입니다. 예수 그리스도를 나의 주님으로 받아들이고, 내가 죄인인 것을 깨닫고 나의 죄 때문에 죽으신 예수님을 믿는 것이 천국 시민권을 얻는 길입니다. 성경은 이 시민권의 효력을 이렇게 표현합니다.

그런즉 누구든지 그리스도 안에 있으면 새로운 피조물이라 이전 것은 지나갔으니 보라 새 것이 되었도다_고후 5:17

…… 우리의 낮은 몸을 자기 영광의 몸의 형체와 같이 변하게 하시리라_빌 3:21b

영적으로는 하늘나라에 갈 때까지 기다렸다가 천국 시민권을 갖는 것이 아니고 바로 지금 갖는 축복을 이야기합니다. 아직 천국 시민이라고 하기에는 부끄러운 점이 있을지 몰라도 그럼에도 우리는 천국 시민이라는 것입니다. 그러면 이 시민권을 가졌다는 것이 우리에게 어떤 변화를 불러올까요?

첫째, 왕을 기다리는 삶

그러나 우리의 시민권은 하늘에 있는지라 거기로부터 구원하는 자 곧 **주 예수 그리스도를 기다리노니**_빌 3:20

'시민권이 바뀌었다'는 말은 '다른 나라 시민이 되었다'는 뜻이며, '왕이 바뀌었다'는 의미입니다. 영어로 '나라'가 'Kingdom'입니다. 나라에는 'King(왕)'이 있습니다. 앞서 3장 19절에 "그들의 마침은 멸망이요 그들의 신은 배요 그 영광은 그들의 부끄러움에 있고 땅의 일을 생각하는 자라"고 했습니다. 이 말씀에서 "그들의 신은 배(stomach)

요"란 곧 "그들의 왕은 배(belly)"라는 뜻입니다. '내 배(stomach, belly)가 왕'이라는 것은 곧 '나의 입맛이 나를 다스리는 왕'이라는 의미입니다. 하지만 그리스도인들의 왕은 예수님이십니다. 내 욕심, 내 본능, 내 취미에 따라 통제(control)되는 삶에서 새 임금이요, 새 왕이신 예수 그리스도 뜻에 따라 통제(control)되는 삶으로 변화해야 합니다. 즉 새 대통령이 취임하면 나라를 다스리는 통치와 행정(administration)이 변하고, 국민도 그에 잘 순응해야 하듯이 말입니다.

미국 시민선서문에 "I hereby declare, on oath, that **I absolutely and entirely renounce and abjure all allegiance and fidelity** to any foreign prince, potentate, state, or sovereignty of whom or which I have heretofore been a subject or citizen; 나는 이로써 지금까지 지켜 왔던 군주, 주권자, 국가, 통치권에 대한 백성 또는 시민적 충성과 충절을 완전히 그리고 **전적으로 완전하게 단념하고, 버리며……**"라는 내용이 있습니다.

저는 이것을 일종의 '**인수인계 과정**'이라고 생각합니다. 그리고 20절에 '기다린다'라는 말씀의 의미와 연관을 지어 보면 이렇습니다. 우리가 그리스도를 왕으로 모시고 살아도 그리스도의 다스림을 온전히 삶 구석구석까지 다 받지 못하기에 아직 기다려야 할 부분이 있다는 것입니다. 다시 말하면 '내가 예수를 믿고 살아도 내 삶에 갈등의 현장이 있음을 명심하라'는 것입니다. "already but not yet", "긴장이 늘 있다"는 뜻입니다.

둘째, 천국법을 따르는 '변화'하는 삶

로마에 가면 로마의 법을 따르듯이, 천국 시민이라면 천국의 법을 따르는 변화가 시작됩니다. 이 다른 법을 로마서에서는 다음과 같이 표현하고 있습니다.

우리가 알거니와 우리의 옛 사람이 예수와 함께 십자가에 못 박힌 것은 죄의 몸이 죽어 다시는 우리가 죄에게 종 노릇 하지 아니하려 함이니 _롬 6:6

12 그러므로 너희는 죄가 너희 죽을 몸을 지배하지 못하게 하여 몸의 사욕에 순종하지 말고 13 또한 너희 지체를 불의의 무기로 죄에게 내주지 말고 오직 너희 자신을 죽은 자 가운데서 다시 살아난 자 같이 하나님께 드리며 너희 지체를 의의 무기로 하나님께 드리라 14 죄가 너희를 주장하지 못하리니 이는 너희가 법 아래에 있지 아니하고 은혜 아래에 있음이라 _롬 6:12~14

제가 미국 시민권을 받았을 때를 기억하며 선서문을 읽어 보겠습니다.

I hereby declare, on oath, that I absolutely and entirely renounce and abjure all allegiance and fidelity to any foreign prince, potentate, state, or sovereignty of whom or which I have heretofore been a subject or citizen; that I will support and defend the Constitution and laws of the United States of America against all enemies, foreign and domestic; ······

국내외의 모든 적으로부터 **미합중국의 헌법과 법률을 지지하고 지키며** 참믿음과 충성심을 보일 것이며 ······

미국 시민이 되어도 이런 선서를 하는데, 하물며 천국 시민이라면 당연히 하나님 말씀의 법을 따라야 변화가 시작되지 않겠습니까? 때로는 좌절할 일이 있더라도 그렇지요. 포기하지 말고 일어서야 합니다.

셋째, 사랑의 힘으로 주 안에서 버티는 삶

그러므로 나의 사랑하고 사모하는 형제들, 나의 기쁨이요 면류관인 사랑하는 자들아 이와 같이 **주 안에 서라** you should stand firm in the Lord_빌 4:1

성도들의 삶은 인내의 삶이고, 변화하는 과정임을 시사하고 있습니다. 결코 룰루랄라 하는 삶이 아닙니다. 도전이 있고, 갈등이 있고, 속앓이도 하고, 비바람 앞에서 버티는 삶입니다. 그러나 기억하십시오. 우리는 하나님의 사랑을 받은 자들입니다. 그것도 흠뻑 받은 자들입니다. 그 사랑 때문에 넉넉히 버틸 수 있는 것입니다.

"하나님의 별명은 할아버지다" 이런 말을 들어 보셨습니까? 할아버지, 할머니의 손주 사랑은 거의 무조건입니다. 그냥 쏟아부어 주는 사랑입니다. 그래서 엄마, 아빠들이 되레 걱정을 하지요. 애들이 할아버지, 할머니 집에만 다녀오면 완전 버릇이 없어지니까요. 실은 우리가 이렇게 할아버지 하나님의 사랑을 넘치도록 받은 자들입니다. 그런데 하나님의 사랑은 평등하지 않습니다. 하나님은 '나'만을 사랑하십니다. "하나님이 나를 왜 이렇게 특별히 사랑해 주시는지 모르겠다"라고 고백하는 자야말로 진정 은혜가 뭔지 아는 사람입니다. 여러분이 하나님의 사랑을 독차지하셨습니다.

내가 땅의 모든 족속 가운데 너희만을 알았나니……_암 3:2a

그렇습니다. 하나님은 마치 나만 사랑하는 것처럼 나를 사랑해 주십니다.

보라 아버지께서 어떠한 사랑을 우리에게 베푸사 하나님의 자녀라 일컬음을 받게 하셨는가 …… How great is the love the Father has lavished on us …… [NIV]_요일 3:1a

하나님이 우리를 'lavishly(아끼지 않고 후하게)' 사랑한다고 하십니다. NIV 성경에서 단순히 'give(주다)'라고 하지 않고 'lavish(아낌없이 주

232

다)'를 쓴 이유가 있습니다. 더는 줄 것이 없을 만큼 우리에게 그 독생자 예수 그리스도를 '다~' 주셨다는 의미입니다. 도대체 우리에게 이런 큰 사랑을 받을 자격이 있습니까? 우리에게 자격이 없는데도 '다~' 주셨습니다. 왜 이렇게 특별한 사랑을 주셨을까요? 힘들고 포기하고 싶을 때, 이 만만치 않은 변두리의 삶을 살아갈 때 이 사랑을 생각하며 버텨 내라는 것입니다.

변두리 인생의 어려움을 극복할 힘

서두에서 인용한 연구 논문의 결론에서 저자는 '더블 변두리 삶'을 어떻게 극복해야 하는지에 대해 다음과 같이 제창합니다.

Thus, Korean-Americans need to challenge the governing meta-narratives in America by asserting their difference and sameness simultaneously. But at the same time, they need to invent a collective voice in American cultural politics and to share their stories to establish a **"community of memory"** *for future generations.* [2]
자기들을 일률적으로 인식해 버리는 …… 도전하여 그들의 다른 점

---

2) Kim Myoung-Hye. (1992). Korean-American identity in the postmodern condition : narrative accounts of the politics of identity. University of Massachusetts

과 동시에 공유점들을 주장하고 나서야 하며, 미국 내에서 정치적인 힘을 모아 Korean-American의 identity를 형성하여 다음 세대를 위한 "기억의 공동체(community of memory)"를 이룩해야만 한다.

저는 이것을 이렇게 적용하고 싶습니다. '우리 공동체가 녹록지 않은 세상에서 천국 시민으로 살아가려면 하나님의 쏟아부어 주신 사랑을 받은 공동체임을 기억해야 한다'라고. **"기억의 공동체(community of memory)"**로 변두리의 삶을 버텨 낼 수 있다(stand firm)는 것입니다.

'**여백**'이란 사전적으로는 회화에서 실제로 사물이 존재해야 할 곳에 어떠한 효과 없이 공간을 비움으로써 마치 미완성으로 보이는 듯한 과감히 **생략된 공간**'을 의미합니다.

천국 시민으로 이 땅에서 발붙이고 사는 것이 변두리의 삶입니다. 영어로 marginal life입니다. 제가 30년을 넘게 미국에서 살았는데도 억양(accent) 때문에 "원래 어디서 왔느냐?"라는 질문을 받습니다. 이도 저도 아닌 인생 같습니다. 그러나 우리의 왕이 누구입니까?

그는 만물을 자기에게 복종하게 하실 수 있는 자의 역사로 우리의 낮은 몸을 자기 영광의 몸의 형체와 같이 변하게 하시리라_빌 3:21

우리를 사랑해 주시는 주님이 '만물을 자기에게 복종하게 하실 수 있는' 하나님이십니다. 그러므로 그 하나님을 왕으로 모시고, 그 하나님의 법을 따라 변화하면 그 변두리가 여백(margin)이 되어 하나님의 창조적인 역사를 그려 가는 공간이 될 줄 믿습니다. 변두리 인생 (marginal life)에서 하나님의 공간, 여백(margin)을 창조해 내는 삶을 살아 가시기 바랍니다.

적용질문

† 나는 천국 시민권을 갖고 있습니까?

† 성경은 성도의 시민권이 어디에 있다고 말합니까(빌 3:20)? 그 의미는
　무엇입니까(엡 2:4~6, 골 1:13)?

† 하늘의 시민권을 가진 성도들의 라이프 스타일(life style)을 세 가지로
　정리해 봅시다.
　　· ....을 기다리는 삶(빌 3:20)
　　· ....변화하는 삶(빌 3:21, 롬 6:6, 12~14)
　　· ....버티는 삶(빌 4:1, 요일 3:1a)

✝ 이 땅에 천국 시민권을 가지고 사는 사람들은 변두리 인생(marginal life)을 살 수밖에 없습니다. 그러나 천국 시민답게 살면 하나님이 일하시는 '여백(margin)'이 있는 삶을 살게 됩니다. 내 삶에 '생략된 공간'에 하나님이 그려 가시는 간증이 있습니까?

Part 4

샬롬
샌드위치

Chapter

18

실명 공개한
권면

빌립보서 4장 2~3절

2 내가 유오디아를 권하고 순두게를 권하노니 주 안에서 같은 마음을 품으라
3 또 참으로 나와 멍에를 같이한 네게 구하노니 복음에 나와 함께 힘쓰던 저
여인들을 돕고 또한 글레멘드와 그 외에 나의 동역자들을 도우라 그 이름들
이 생명책에 있느니라_빌 4:2~3

어느 목사님이 설교 도중에 한 성도가 혼전 임신해서 교리를 어겼다
며 실명을 거론했다가 명예훼손죄로 피소되어 벌금 200만 원을 선고
받았다는 기사를 보았습니다.[1] 실명을 거론하는 것은 조심스러운 일
입니다.

　　그런데 4장 2절과 3절 말씀을 읽으며 사도 바울이 만만치 않은
일을 했다는 생각이 듭니다. 빌립보 교회가 어떻게 시작되었는지 기

---

1) http://www.knnews.co.kr/news/articleView.php?idxno=1041110

억하시지요? 마게도냐의 환상을 보고 바울이 유럽 대륙으로 가서는 그곳에서 자주 염색 기업의 CEO 루디아를 만납니다. 그녀는 빌립보 교회의 초대 멤버가 되었습니다. 빌립보 교회가 세워질 무렵에는 루디아 같은 유력한 창립 멤버들이 있었을 것입니다.

만약 2절에 등장하는 유오디아와 순두게가 그런 창립 멤버였다면, 두 여인의 영향력은 상당했으리라 짐작됩니다. 유오디아는 'fragrant journey(향기로운 여행)', 순두게는 'blessed fortunate life(축복받은 삶)'라는 뜻인데, 한국 이름으로 치면 '향숙이'와 '복자'라고 할 수 있습니다. 그런데 이렇게 예쁜 이름을 가진 두 분이 갑자기 2절에 등장하는 이유가 무엇일까요?

사도 바울이 "내가 유오디아를 권하고 순두게를 권하노니 주 안에서 같은 마음을 품으라"고 한 것을 보아 서로 의견이 달라서 충돌이 적지 않았던 것으로 보입니다. 아마도 이 두 여인 때문에 교회가 양분되어 힘들었을 것입니다. 그것이 바울이 이 편지를 쓰게 된 이유 중 하나였을 것입니다.

그런데 이 서신에서 바울이 그녀들의 실명을 거론한 것은 정말 놀랄 일입니다. 좋은 일로 이름을 거론한다면 격려가 되겠지만, 서로 싸우고 있는 사람들의 이름을 실명으로 밝힌 것이 아닙니까? **실명 거론**에 대해서는 잠시 후 다시 다루겠습니다.

요즘은 SNS 시대인 만큼 소문도 순식간에 퍼집니다. 그런데 그 옛날 유오디아와 순두게의 다툼이 로마 감옥에 있는 바울의 귀에 들릴 정도였으니 둘이 싸운 것을 교회가 다 알고, 세상이 다 아는 일이라고 할 수 있습니다. 심지어 2000년이 지나서 우리도 알게 되지 않았습니까? 그렇다면 이 두 여인이 싸운 이유가 무엇일까요?

왜 싸웠을까요?

바울은 두 여인의 실명까지 거론했지만 싸운 이유는 굳이 밝히지 않았습니다. 어떤 문제였는지 모르지만, 분명한 것은 진리에 관한 문제는 아니었다고 말씀드릴 수 있습니다. 왜냐하면 바울은 자신이 전한 복음 외에 다른 복음을 전하면 "저주가 있을지어다"라고 한 사람이기 때문입니다. 만약 싸우는 이유가 복음의 문제였다면, 바울은 싸우는 이유를 분명히 거론했을 것입니다.

그런데 갈라디아서를 보면 복음에 벗어난 행동을 한 사람들이 있었습니다. 사도 중의 사도, 수제자 베드로가 그랬고, 또 자기를 신앙으로 이끌어 준 바나바가 그랬습니다. 바울은 그럴지라도 이렇게 꾸짖습니다.

12b …… 게바가 이방인과 함께 먹다가 그들이 오매 그가 할례자들을 두려워하여 떠나 물러가매 13 남은 유대인들도 그와 같이 외식하므로 바나바도 그들의 외식에 유혹되었느니라 14 그러므로 나는 그들이 복음의 진리를 따라 바르게 행하지 아니함을 보고 모든 자 앞에서 게바에게 이르되 네가 유대인으로서 이방인을 따르고 유대인

답게 살지 아니하면서 어찌하여 억지로 이방인을 유대인답게 살게 하려느냐 하였노라 _갈 2:12b~14

바울은 정말 복음에 관해서는 확실합니다. 그러나 본문에서는 그런 언급이 없습니다. 싸움의 이유도 밝히지 않습니다. 다만 한 가지 추측할 수 있는 것은 '이유가 중요하지 않다!'는 점입니다.

누구나 싸울 때는 마치 목숨을 걸고 싸우는 것 같지만 그 이유를 알고 보면 대부분 사소합니다. 때론 감정이 상해서, 자기를 알아주지 않아서, 알량한 자존심 때문에 '너 죽니, 나 죽니' 하는 싸움으로 번진 경우가 많습니다.

흔히 명절에 이런 싸움이 많이 일어납니다. 시댁에 온 가족이 모여서 즐겁게 식사를 합니다. 하지만 며느리들은 대부분 온종일 거의 막노동 수준으로 일을 합니다. 마지막으로 설거지를 마치고, 집에서 가져온 무거운 그릇까지 챙겨서 나가는데, 남편은 손 하나 까딱하지 않습니다. 빈손으로 건들건들 나가서는 차 시동을 걸고 있습니다. 아내는 그래도 홀로 낑낑거리며 차 트렁크에 짐을 싣고 씩씩거리는 마음을 다독입니다. 그러다 집에 도착할 즈음에 "짐 좀 들어 주지……" 하고 얘기를 꺼냅니다. 이때 남편이 아내의 마음을 좀 받아 주면 어떻습니까? 그런데 그런 남편이 드물지요.

"웬 생색? 당신 집안은 처남도 꼭 일하고, 자기 알아 달라고 생색 내더라."

"우리 집안이 어때서! 당신 집안은 뭐 그리 잘났다고?"

뭐 이렇게 얘기가 진행되는 것입니다. 이슈는 사라지고, 말이 이상한 방향으로 튀어서 '사니, 죽니, 헤어지니, 마니' 하는 겁니다.

어쩌면 유오디아와 순두게는 바울이 나서서 "유권사가 잘못했네……. 순권사님에게 사과하소", 혹은 "순권사님이 그 부분은 지나쳤다. 유권사님께 용서를 비세요." 이렇게 자신들을 편들어 주기를 원했는지도 모릅니다.

하지만 바울은 둘의 싸움이 교회에 미치는 영향을 더 우려했습니다. 그래서 두 사람의 잘잘못을 따지지 않은 것입니다. 둘의 싸움이 별로 중요하지 않아서일 수도 있지만, 중요한 일이라 할지라도 교회의 유력한 두 사람이 서로 의견이 달라서 싸울 때 교회에 닥치는 위기는 그 어떤 위기보다 더 심각할 수 있기 때문입니다.[2]

가장 잔인하고 해결이 안 되는 전쟁이 종교전쟁이라는 말이 있습니다. 왜요? 명분이 있기에 목숨을 걸고 싸우기 때문입니다. 의견차이에 순교할 각오를 하고 덤벼들기 때문입니다. '하나님의 영광'을 위해 자신의 의견을 주장할 수 있습니다. 그러나 우리가 기억해야 할 것은 상대방도 교회를 위해서 주장한다는 점입니다. 그러니 서로 양보하지 않습니다.

---

2) "What we have here is not a personal quarrel between cantankerous old women, but rather a substantive division within the church leadership, which from the very beginning consisted largely of faithful women" 또한 교부 Chrysostom의 "These women seem to me to be the chief of the Church which was there"를 인용하면서 "They were surely mainstays of the believing Philippian community"라 주장하고 있다. Moises Silva, *The Wycliffe Exegetical Commentary, Philippians*, Moody Press, 221.

바울은 교회 안에 이런 갈등의 문제가 있을 때 어떻게 조언합니까? 이를 살펴보면서 지금 여러분이 갖고 있는 문제를 성경적으로 해결하는 은혜가 임했으면 좋겠습니다. 그런데 한가지 전제가 있습니다. 바울의 조언들이 '**실명을 거론한 공개적 가르침**'이라는 점입니다.

바울이 굳이 이런 방법을 택한 이유가 무엇일까요?

유오디아와 순두게는 교회의 철없는 문제아가 아닙니다. 이들은 초창기부터 교회를 섬긴 헌신적인 사람들입니다.

또 참으로 나와 멍에를 같이한 네게 구하노니 **복음에 나와 함께 힘쓰던 저 여인들을 돕고** ······ help these women who have contended at my side in the cause of the gospel ······ [NIV]_빌 4:3a

'contend(싸우다)'라는 단어가 보여 주듯이, 바울은 이 여인들이 정말 복음을 위해서라면 대들며 싸울 정도로 바울의 방패막이가 되어 주었고, 바울 대신 눈이라도 빼 줄 마음으로 복음을 위해 헌신적인 삶을 살았다며 이들을 추천합니다. 그러면서 두 여인을 도우라고 하지 않습니까? 그러므로 저는 이 두 여인이야말로 성숙한 성도임이 분명하다고 생각합니다. 실명을 거론한 이유가 여기에 있을 것입니다. 충언을 받아들일 수 있는 자에게 쓰는 것이 실명입니다. 바울의 접근이 얼마나 지혜롭고 사려 깊은지 모릅니다. 하나님의 영으로 충만한 자의 모습은 경이롭기까지 합니다. 이렇게 실명을 거론하며 바울이 건넨 권면을 살펴봅니다.

편들지 않고 공평하게

바울은 두 여인 중에 그 누구의 편도 들지 않습니다. 때로는 중립을 지킨다는 것이 비겁해 보이기도 합니다. 욕먹기 싫어서, 어정쩡한 태도를 취하는 것으로 보일 수도 있기 때문입니다.

그러나 바울은 그렇지 않습니다. 이미 말씀 드렸지만, 싸우는 이유를 밝히지 않은 이유는 싸운 이유가 중요하지 않아서가 아니라, 갈등 때문에 생긴 교회의 위기를 해결하는 것이 급선무이기 때문입니다. 즉, 이 문제는 '누가 옳고 그른가?' 시비선악(是非善惡)의 문제가 아닙니다.

그러면 바울이 공평하게 치우치지 않고 두 여인에게 권면했다는 근거는 무엇일까요?

첫째, 두 여인의 이름을 **알파벳 순서대로** 언급하고 있습니다. 유오디아(Euodia)와 순두게(Syntyche) 중에 E로 시작하는 유오디아를 먼저 언급합니다. 저는 이것이 눈에 들어왔습니다. 집회에 여러 강사가 있을 때 어느 강사의 이름을 먼저 올립니까? 가나다순, 혹은 연장자순, 혹은 여성 먼저(lady first), 아니면 선착순 등등 공평하기 위해 세워진 원칙들이 있습니다. 여기서는 틀림없이 알파벳 순서라고 여겨집니다.

둘째, "권한다($\pi\alpha\rho\alpha\kappa\alpha\lambda\tilde{\omega}$)"는 표현도 두 여인에게 똑같이 하고 있습니다. 실은 글의 표현을 보면, **'권한다'를 두 번 반복**하는 것이 좀 어색합니다. 그런데도 왜 바울이 이런 티를 낸 것일까요? 둘 다 하나님의 자녀라는 차원에서, 둘 다 중요한 교회의 지체로서 공평하게 대하고 있음을 보여 주는 것입니다.

아마도 대필하는 자에게 이러지 않았을까요?

"'순두게와 유오……' 아니야, 알파벳 순서로 하자. '유오디아와 순두게에게 권하노니……' 아니야, 어색해도 '유오디아에게 권하고, 순두게에게 권하고……' 이렇게 하자."

그 이름이 생명책에 있는 복음의 동역자

또 참으로 나와 멍에를 같이한 네게 구하노니 복음에 나와 함께 힘쓰던 저 여인들을 돕고 또한 글레멘드와 그 외에 나의 동역자들을 도우라 그 이름들이 생명책에 있느니라 _빌 4:3

3절에 4종류의 사람들이 언급됩니다. ① 나와 멍에를 같이한 "너"(에바브로디도?) ② 복음에 나와 함께 힘쓰던 저 여인들(유오디아와 순두게) ③ 글레멘드(Clement) ④ 그 외에 나의 동역자들입니다. 아마도 멍에를 같이한 '너'는 에바브로디도가 아닐까 추측하지만, 증명할 길은 없습니다. 글레멘드도 누군지 알 길이 없습니다. 그런데 한 가지 분명한 점은 이 모든 사람이 복음을 위해 같이 힘쓰고, 동역하고, 멍에를 한 방향을 향해 멘 자들이라는 것입니다. 이것을 기억하라는 것입니다. 그러면서 바울은 이들과 함께할 수 있는 근거가 그 이름들이 '생명책'에 있기 때문이라며 쐐기를 박습니다.

예수님이 70명의 제자들을 전도하라고 보내신 후에 제자들이 돌아와 "귀신들도 우리에게 항복한다"라고 보고할 때에 주님은 이런 말씀을 하셨습니다.

> 그러나 귀신들이 너희에게 항복하는 것으로 기뻐하지 말고 **너희 이름이 하늘에 기록된 것으로 기뻐하라** 하시니라_눅 10:20

제자들은 뱀과 전갈을 밟고, 원수들의 능력을 제어하는 권능을 갖게 된 것을 기뻐했습니다. 하지만 주님은 우리가 정말 기뻐해야 할 것은 우리의 이름이 생명책에 있다는 것임을 가르쳐 주셨습니다.

출애굽기 32장 32절에서 모세는 금송아지를 만든 광야 백성을 용서해 주시길 간구하며 이렇게 기도합니다. "그러나 이제 그들의 죄를 사하시옵소서 그렇지 아니하시오면 원하건대 주께서 기록하신 책에서 내 이름을 지워 버려 주옵소서."

'내 이름을 지워 버려 달라'는 것은 자신의 죽음값으로 백성의 죄를 용서해 달라, 즉 대속해 달라는 것입니다. 그런데 하나님은 그 기도를 들어주지 않으십니다. 오히려 모세보다 더 위대한 이름인 독생자 '예수 그리스도' 이름을 지우시고, 우리의 이름을 생명책에 쓰셨습니다. '그리스도인'이라는 이름이 바로 그런 의미입니다.

교회가 복음을 위한 일에 힘쓰는데, 서로가 갈등하면 이렇게 생각해야 합니다. "저 사람의 이름이 생명책에 있다." 그러면 한마음으로 갈 수 있지 않을까요? 이미 바울은 교회가 어떤 성질(nature)로 태어났는지 2장 1절과 2절에서 이렇게 말한 바 있습니다.

"그러므로 그리스도 안에 무슨 권면이나 사랑의 무슨 위로나 성령의 무슨 교제나 긍휼이나 자비가 있거든 마음을 같이하여 같은 사랑을 가지고 뜻을 합하며 한마음을 품어."

이런 은혜를 누리고 있는 교회라는 공동체에서 '어떻게 갈등할 수 있느냐'라고 생각할 수 있습니다. 교회는 복음의 가치를 위해 같이 공동전선을 이루어 어둠의 세력과 싸워야 하는 공동체입니다. 갈라질 수 없는 것이 교회입니다. 물론 지상에 완전한 교회도 없고, 완전한 사람도 없습니다. 완벽한 부모도 없고, 완벽한 자녀도 없습니다. 완벽한 목사도 없고, 완벽한 장로, 완벽한 집사, 완벽한 권사도 없습니다. 우리가 서로 완전하지 않은 것을 인정해야 합니다.

그러면 이제 어떻게 해야 합니까? 그러니까 싸우자고요? 아닙니다. 서로의 이름이 생명책에 있다는 것을 상기하자는 것입니다. 그런 천국이 가기 싫다면 아직 복음이 뭔지 모르는 것입니다.

자, 지금 한번 연습해 보세요.

현재 마주치고 싶지 않은 사람을 생각해 보십시오. 그 사람의 이름이 생명책에 있고, 여러분의 이름도 생명책에 있습니다. 이제 마음이 좀 바뀝니까? 어떤 마음이 드십니까?

① 그 사람의 이름은 생명책에 없을 거야.

② 그 사람의 이름이 생명책에 있다면 난 천국을 사양하겠어.

③ 천국 가서 꼴 보기 싫은 사람 있으면 지옥이잖아. 지금 그와 화해하자.

주 안에서 같은 마음 품기

> 1b ······ 사랑하는 자들아 이와 같이 **주 안에** 서라 2 내가 유오디아를 권하고 순두게를 권하노니 **주 안에서** 같은 마음을 품으라
>
> _빌 4:1b~2

여기에 해법이 있습니다. 바울은 이미 만능(magic) 처방을 주었습니다. 1절에 "**주 안에 서라**"에 이어 2절에 다시 "**주 안에서** 같은 마음을 품으라"고 권면합니다. 유오디아와 순두게가 반드시 깨달아야 할 것은 그들이 '주 안에' 있다는 사실입니다. "I am in the Lord(나는 주 안에 있습니다)"라는 표현은 나의 **소속**을 말합니다. "Who do I belong to? Whose am I?(나는 누구에게 속해 있습니까? 나는 누구의 사람인가요?)" 그리고 "내가 주 안에 있다"는 말은 곧 "나는 주님의 것"이라는 말입니다.

> 19 너희 몸은 너희가 하나님께로부터 받은 바 너희 가운데 계신 성령의 전인 줄을 알지 못하느냐 **너희는 너희 자신의 것이 아니라** 20 **값으로 산 것이 되었으니** 그런즉 너희 몸으로 하나님께 영광을 돌리라_고전 6:19~20

그렇다면 우리의 생각, 비전, 계획 등이 주님의 것이 되어야 하고, 주님의 가르침과 일치해야 합니다. 자기의 뜻과 자기의 방식(my way)만을 주장하는 것은 우리가 속한 주님과 너무 다른 모습입니다.

믿음이 강한 우리는 마땅히 믿음이 약한 자의 약점을 담당하고 자기를 기쁘게 하지 아니할 것이라_롬 15:1

'주 안에 있는 성도들의 삶'은 자기를 기쁘게 하려는 것이 먼저가 아니라, 주님을 기쁘시게 하는 것이 우선되는 삶입니다. 교회에서 갈등에 빠진 분들을 보면 '자기를 기쁘게 하려고' 이 함정에 빠지는 것 아닙니까? 무엇보다 나는 내 것이 아니라 주님께 속한, 주 안에 속한 주님의 소유라는 것을 알아야 합니다.

우리 각 사람이 이웃을 기쁘게 하되 선을 이루고 덕을 세우도록 할지니라_롬 15:2

우리는 누구를 본받아 사는 자들입니까? 바로 예수님입니다. 그런데 그 예수님이 자기주장을 내려놓으셨습니다. 예수님이 'my way'를 주장하셨다면, 바울의 이 말은 없었을 것입니다.

"너희 안에 이 마음을 품으라 곧 그리스도 예수의 마음이니 그는 근본 하나님의 본체시나 하나님과 동등됨을 취할 것으로 여기지 아니하시고 오히려 자기를 비워 종의 형체를 가지사 …… 죽기까지 복종하셨으니 곧 십자가에 죽으심이라"(빌 2:5~8).

우리는 주의 것입니다. 그러므로 주 안에서 주님 닮은 모습으로 내 의견, 내 불편, 내 불만을 그만 내려놓고, 서로를 축복하는 우리가 되기를 바랍니다.

적용질문

† 요즘 마주치고 싶지 않은 사람은 누구입니까? 그 사람의 이름이 생명책에 있고, 여러분의 이름도 생명책에 있다는 사실에 어떤 마음이 드십니까(빌 4:3)?

† 바울이 유오디아와 순두게에게 한 조언들은 '실명을 거론한 공개적 가르침'이었습니다. 바울이 굳이 이런 방법을 택한 이유는 무엇일까요?

† 바울이 언급한 4종류의 사람들은 누구누구입니까? 이들의 공통점은
　무엇인가요(빌 4:3)?

† 유오디아와 순두게가 반드시 기억해야 할 권면은 무엇입니까(빌 4:2)?

Chapter

19

'항상' 군(君)과
'아무것도' 양(孃)에 던진 질문

빌립보서 4장 4~6절

4 주 안에서 항상 기뻐하라 내가 다시 말하노니 기뻐하라 5 너희 관용을 모든
사람에게 알게 하라 주께서 가까우시니라 6 아무 것도 염려하지 말고 다만 모
든 일에 기도와 간구로, 너희 구할 것을 감사함으로 하나님께 아뢰라
_빌 4:4~6

남자들은 말할 때 '과장(誇張)'을 잘 한다고 합니다. "당신은 항상 늦
어." 한두 번 늦었는데, '항상' 늦는다고 과장하는 것입니다. 여자들은
말할 때 '부정적'인 경우가 많다고 합니다. "당신은 아무것도 몰라, 통
몰라." 말을 잘 못 알아듣는 남편에게 열이 받쳐서 내뱉는 아내의 말
입니다.

　　이런 '항상' 군과 '아무것도' 양을 우리는 주위에서 흔히 접하게
되는데, 4절에서 6절 말씀에도 그 '항상' 군과 '아무것도' 양이 등장합

니다. 과연 "항상 기뻐하라"는 말씀은 과장되고, "아무것도 염려하지 말라"는 말씀은 부정적인 걸까요? 아닙니다. 이 말씀을 통해 하나님 의 시야에서 리셋되는 은혜가 있기를 바랍니다.

사람의 인격을 형성하는 세 가지 요소로 지성, 감정, 의지(지·정·의, thinking, feeling, willing)를 듭니다. 이 세 가지 요소는 우리 안에서 서로 따로 노는 것이 아니라, 긴밀히 연결되어 있습니다.

주 안에서 항상 기뻐하라 내가 다시 말하노니 기뻐하라_빌 4:4

이 4절 말씀은 '지·정·의' 중 어느 영역에 대한 명령이라고 생각 하십니까? 대부분 정적인 영역, 감정에 대한 부분이라고 생각할 겁니 다. 그렇다면 **첫 번째 질문**은 우리가 과연 '감정의 영역'에 명령을 할 수 있느냐는 것입니다.

얼굴이 시무룩한 사람에게 "기뻐하세요" 명령한다고 기쁨이 갑 자기 생깁니까? 연기를 하라는 것도 아니고, 어찌 그런 명령을 감정 부분에 할 수 있냐는 것이죠? 그것도 한순간만이 아니라, **"항상** 기뻐 하라" 할 수 있느냐는 것입니다. 우리 크리스천들에게 주어진 명령이 라면 우리가 순종해야 하는데 "항상 기뻐하라!" 이것이 어떻게 가능 할까요?

우리가 '항상 기뻐하는 것이 불가능하다'고 생각하는 이유는 무 엇입니까? '기쁨'을 감정이라고만 오해하고 있기 때문은 아닐까요? 마치 사랑의 영역이 감정의 영역에만 속해 있다고 생각하듯이, 기쁨도 그럴 것이라고 오해하기 때문입니다. 사랑이라는 것이 감정의 영역에 국한된 것이라면 '사랑하라'고 명령을 내리는 것은 어불성설(語不成說), 말이 안 됩니다. "이제부터 날 사랑해 줘" 명령한다고 갑자기 없던 사랑의 감정이 생기는 것이 아니란 말입니다.

그러나 성경에서 이야기하는 사랑은 의지적인 결단이 선행되어야 하는 것입니다. "사랑은 오래 참고……"(고전 13:4a). 이 사랑의 정의에서 확인할 수 있듯이, 사랑은 의지적으로 결심(decision making)하는 것이 먼저고, 감정(affection)은 그 결과로 따라오는 것입니다. 기쁨도 그와 같습니다. 그런데 "항상 기뻐하라" 명령한 후에 바로 무슨 말씀이 나옵니까?

> 너희 관용을 모든 사람에게 알게 하라 ……_빌 4:5a

'관용(gentleness, forbearing)'이라는 단어가 기쁨과 연결해서 바로 나옵니다. 그냥 히죽히죽, 비시시 웃는 것이 기쁨이 아닙니다. 관대함을 모든 사람에게 베푸는 것이 '기쁨'입니다. 별로 기쁘지 않아도 꾹참고, 그리고 싶지 않은 사람들에게도 친절히 대하는 것입니다. 꼭 웃지 않으셔도 됩니다. 그러나 사랑이 결심해야 하는 것처럼, 기쁨도 결심(decision making)해야 나눌 수 있다는 말입니다.

바울은 갈등 상황 가운데 있는 유오디아와 순두게에게 '그 이름들이 생명책에 있다', '우리는 주 안에 있다'는 것을 기억하고 "한마음을 품으라"고 권면했습니다. **계속되는 바울의 권면에 귀를 기울여 봅시다.**

서로 의견이 충돌하게 되면 흔히 어떤 일이 일어날까요? 기분이 나쁘고, 화가 나고, 온종일 불편한 마음을 떨쳐 버릴 수 없습니다. 직장 동료와 서로 마음이 맞을 땐 이제는 안정된 환경에 정착했다고 믿었는데, 그에게 자존심 상하는 말을 듣고 나면 그렇게 좋았던 직장도 가기 싫어집니다. 스트레스가 쌓이고, 심지어 몸에 병까지 납니다.

더구나 새 차를 샀는데 접촉 사고가 나고, 사춘기 자녀는 반항하고, 학교에 적응하지 못해 부모인 내가 매일 학교로 불려 갑니다. 그럴 때 여러분이라면 마냥 기뻐할 수 있습니까? 좌절되지 않겠습니까? 하나님은 이런 상황에서 우리가 어떻게 하기를 원하실까요?

주께서 가까우시니라 (the Lord is near!)

너희 관용을 모든 사람에게 알게 하라 **주께서 가까우시니라** _빌 4:5

바울의 논리를 잘 보십시오. 기쁨→관용→주께서 가까우시니라, the Lord is near!

기쁨과 관용을 연결하더니, 관용을 '주께서 가까우시니라'와 연결하고 있습니다. 초대교회의 인사가 '마라나타(주께서 임하시느니라)'였는데, 그 말이 여기서 나왔습니다.

적용하자면 이렇습니다. 유오디아의 생각에는 자신이 옳은 것 같은데, 순두게가 반대하니 괘씸했을 것입니다. 괜히 무시당한 것 같고, 참을 수가 없습니다. 당연히 그 태도와 얼굴에 관용과 너그러움이 사라졌을 겁니다. 그때 이 **모든 일을 정확히 판단해 주실 재판장이신 주님이 가까우시다는 사실**을 기억하라는 것입니다. 그리하면 관용을 베풀 마음의 여유가 생기기 시작합니다. 기쁨을 잃지 않고, 지킬 수 있는 것입니다. 유오디아가 자기 스스로 판단해서 순두게를 벌하려고만 한다면 기쁨도 잃고, 관용을 보일 수도 없습니다.

> 내 사랑하는 자들아 너희가 친히 원수를 갚지 말고 하나님의 진노하심에 맡기라 기록되었으되 원수 갚는 것이 내게 있으니 내가 갚으리라고 주께서 말씀하시니라_롬 12:19

판단해 주실 주님이 곧 오신다는 사실이, 억울해서 싸우고 싶은 상황을 이길 힘을 주고 관용을 베풀 수 있도록 한다는 것입니다.

우리의 기쁨을 앗아 가는 원흉은 비단 사람과의 갈등만이 아닙니다. 육체적인 한계와 도전을 맞았을 때도 기쁨이 사라집니다. 예를 들면 몸의 질병, 사업의 실패 등입니다. 그런데 그다음 바울의 권면이 무엇입니까?

> 아무 것도 염려하지 말고 *Μηδὲν μεριμνᾶτε* ⋯⋯_빌 4:6a

이제 진지하게 **두 번째 질문**을 던집니다. "염려하지 말라"는 것은 격려하는 말로 받아들일 수 있습니다. 그런데 우리가 어떻게 '아무것도' 염려하지 않을 수 있습니까? "Do not be anxious about anything", "그것에 대해 생각하지 마라, 스위치를 꺼라, 머리를 식혀라" 조언할 수 있지만, '아무것도(nothing)' 염려하지 말라는 것은 서두의 '아무것도' 양처럼 너무 부정적이고 심한 명령 아닙니까? 그럴 때 생각을 리셋해야 합니다!

예수님께서는 염려에 대해 다음과 같이 말씀하셨습니다.

> 26 공중의 새를 보라 심지도 않고 거두지도 않고 창고에 모아들이지도 아니하되 너희 하늘 아버지께서 기르시나니 너희는 이것들보다 귀하지 아니하냐 27 너희 중에 누가 염려함으로 그 키를 한 자라도 더할 수 있겠느냐 28 또 너희가 어찌 의복을 위하여 염려하느냐 들의 백합화가 어떻게 자라는가 **생각하여 보라** 수고도 아니하고 길쌈도 아니하느니라 29 그러나 내가 너희에게 말하노니 솔로몬의 모든 영광으로도 입은 것이 이 꽃 하나만 같지 못하였느니라 30 오늘 있다가 내일 아궁이에 던져지는 들풀도 하나님이 이렇게 입히시거든 하물며 너희일까보냐 믿음이 작은 자들아 _마 6:26~30

염려하지 말고 먼저 "생각해 보라"는 것입니다. '지·정·의' 중 지적 작용, 생각(thinking)을 하라는 것입니다. 먼저 '하나님 말씀의 정보'를 생각하십시오. 생각은 의지와 행동의 영역에 큰 영향을 줍니다. 바른 정보는 바른 생각을 하게 하고, 바른 생각은 바른 결단을 하게 이끕니다.

우리가 고난 가운데 긍정적인 태도를 취할 수 있는 이유가 무엇입니까? 하나님에 대한 바른 계시를 받아 바른 정보를 축적하고, 그 정보에 따라 생각하고, 결단하고 행동에 옮기기 때문입니다. 말씀의 정보가 내 안에 접수되어 용해되기 전에 환경이 나를 컨트롤하게 두면 우리는 결코 세상을 이길 수 없습니다. 그래서 말씀 안에서 밝히는 '계시'가 중요한 것입니다.

아이들이 어릴 때 제트스키를 함께 탄 적이 있습니다. 그 전에 안전 수칙 강의를 들었습니다. 강사는 "혹시 제트스키가 넘어지면, 옆이 아니라 뒤에서부터 다시 올라타라"고 일러 주었습니다. 그런데 어린 아들을 뒤에 태우고 달리다가 파도에 치여 제트스키가 그만 뒤집어지고 말았습니다. 아들은 물에 빠지고, 제가 쓰고 있던 도수 있는 선글라스마저 없어져서 아무것도 안 보이니 두려움이 급습했습니다. 그때 옆에서 아내가 "여보! 정신 차려!" 하는 소리에 정신이 번쩍 들었습니다. 그래서 패닉 상태에서도 침착하게 수영해서 제트스키를 바로 잡고 올라탔습니다. 그리고 아들에게 가서 "옆이 아니라 뒤에서 올라오라"고 했습니다. 그러곤 다시 시동을 걸고 선착장으로 무사히 돌아왔습니다.

기쁨이라는 것은 감정의 기복(起伏) 중에 단순히 꼭짓점에 있는 느낌이 아닙니다. 우리가 믿는 하나님이 어떤 분인지 다시 생각할 때, 그것이 우리의 가슴을 다시 뛰게 만드는 것입니다. 우리의 감정적 무드와 의지적 행동은 우리의 지적 작용과 절대 무관하지 않습니다. 우리의 생각(thinking)과 직접적인 연관이 있습니다. 예수를 믿으면 바로 이 생각이 새로워지는 것입니다.

> 너희는 이 세대를 본받지 말고 오직 **마음을 새롭게 함으로 by the renewing of your mind** (*thinking*) 변화를 받아 ...... _롬 12:2a

아무리 감정적으로 우울하고 죽을 것 같다고 할지라도 말씀을 든든히 붙잡으라는 것입니다. 말씀으로 나에게 외치는 것입니다. 스스로에게 설교한다고 생각하시면 됩니다.

> 내 영혼아 네가 어찌하여 낙심하며 어찌하여 내 속에서 불안해 하는가 너는 하나님께 소망을 두라 그가 나타나 도우심으로 말미암아 내가 여전히 찬송하리로다 _시 42:5

사랑하는 이가 먼저 우리 곁을 떠나도 그렇습니다. "그 사람이 옆에 없으니 절망이다, 슬프다, 더는 내가 살 이유가 없다, 이제 무슨 재미로 사나……"라고 할 것이 아닙니다. 부정적인 감정에 빠져 있지 말고, 말씀에 힘입어 일어서야 합니다. 여전히 찬송해야 합니다. 이것이 항상 기뻐하는 것입니다.

> 형제들아 자는 자들에 관하여는 너희가 알지 못함을 우리가 원하지 아니하노니 이는 소망 없는 다른 이와 같이 슬퍼하지 않게 하려 함이라 _살전 4:13

사랑하는 이가 우리 곁을 떠나는 것은 슬프지만 우리에게는 '부활'의 소망이 있습니다. 그러므로 이 말로 서로를 위로하라는 것입니다. '지금 하나님이 돌아가셨나? 내가 예수의 부활을 믿지 않나? 천국에서 다시 만날 수 있다. 주님이 내 인생의 주인이시다. 나는 주 안에서 다시 일어날 수 있다!' 소리치며 우울증으로 가는 길에서 돌이키십시오. 이것이 주 안에서 기뻐하며 외치는 것입니다.

우리는 죄의 군상에 완전히 포위된 상태입니다. 모든 일을 자기 감정에 북받쳐서 해치워 버리듯 하면 세상과 싸워서 승산이 없습니다. 우리의 기쁨도 그렇습니다. 월급이 올랐을 때만, 날씨가 좋을 때만, 내가 원하는 대로 일이 진행될 때만 기뻐한다면 세상과 백 번 싸워 백 번 질 수밖에 없습니다. 우리의 기쁨은 기분이 아니라 말씀에 기초해야 합니다.

> 17 비록 무화과나무가 무성하지 못하며 포도나무에 열매가 없으며 감람나무에 소출이 없으며 밭에 먹을 것이 없으며 우리에 양이 없으며 외양간에 소가 없을지라도 18 나는 여호와로 말미암아 즐거워하며 나의 구원의 하나님으로 말미암아 기뻐하리로다_합 3:17~18

여러분, 하박국 선지자의 고백이 감정적입니까, 의지적입니까? 의지적입니다. 그래서 항상 기뻐하라는 명령이 가능한 것입니다. 악한 마귀가 나를 흔들어 대려고 총공세를 해도, 끝까지 말씀 붙잡고 주 안에서 기뻐할 수 있는 비결이 여기에 있습니다.

"I *will* rejoice in the Lord, I *will* be joyful in God my Savior(나는 여호와로 말미암아 즐거워하며 나의 구원의 하나님으로 말미암아 기뻐하리로다)." 영어로 'will', 즉 기뻐하는 것은 의지의 영역이라는 것입니다.

앞서 제가 제트스키를 놓치고 당황했어도 아내의 소리에 정신을 차렸듯이, 때로는 누가 "정신 차려!"라고 소리쳐 주면 좋겠습니다. 광야의 외치는 소리처럼 말씀의 경종을 울려 주면 좋겠습니다.

흑암과 혼돈 속에 있던 태초에 '말씀'이 하나님과 함께 계셨으니 이 말씀은 곧 하나님입니다(요 1:1). 하나님의 말씀 안에서 흑암에 빛이 비치고, 혼돈 속에 질서가 생성되는 은혜가 바로 복음의 능력입니다.

적용질문

† 인격을 형성하는 세 가지 요소로 지성, 감정, 의지가 있다고 합니다.
  나는 이 중에서 어느 부분이 두드러지게 나타납니까?

† "항상 기뻐하라"는 명령과 "서로 사랑하라"는 명령의 공통점은 무엇
  일까요? 왜 이 명령문이 성립할 수 있습니까(빌 4:4, 고전 13:4a)?

† 갈등 속에 있는 유오디아와 순두게가 서로에게 관용을 베풀 수 있도
  록 바울은 어떤 사실을 상기시키고 있습니까(빌 4:5, 롬 12:19)?

† 염려는 잘못된 생각에서 기인합니다. 염려가 엄습할 때 바른 생각을 어떻게 해야 할지 참고 구절을 읽고 나눠 보십시오(빌 4:6a, 마 6:26~30, 롬 12:2a, 시 42:5).

† 죽음 앞에 낙심한 상황에서 어떻게 다시 기뻐할 수 있을까요? 다음 구절을 읽고 적용해 봅시다(살전 4:13, 합 3:17~18).

Chapter

20

생명 지켜 내기
(Guarding Your Life)

빌립보서 4장 6~7절

6 아무 것도 염려하지 말고 *Μηδὲν μεριμνᾶτε* 다만 모든 일에 기도와 간구로, 너희 구할 것을 감사함으로 하나님께 아뢰라 7 그리하면 모든 지각에 뛰어난 하나님의 평강이 그리스도 예수 안에서 너희 마음과 생각을 지키시리라_빌 4:6~7

제 설교 영상 중에 가장 많은 조회수를 기록한 동영상은 "굿닥터 예수님이 메스를 들었습니다" 시리즈 중 '염려'에 관한 설교입니다. '염려'가 실제로 우리에게 제일 가까운 문제라는 방증입니다.

염려란?

이 외의 일은 고사하고 아직도 날마다 내 속에 눌리는 일이 있으니

곧 모든 교회를 위하여 **염려하는 것**(μέριμνα)이라_고후 11:28

이는 뜻을 같이하여 **너희 사정을 진실히 생각**(μεριμνήσει)할 자가 이밖에 내게 없음이라_빌 2:20

염려가 꼭 나쁜 것이 아니라 지금 일어난 일에 대한 '진실한 생각'이라면, 오히려 해야 한다는 생각까지 듭니다. 만일 어느 분이 가정에 염려할 일이 있어서 여러분에게 그 일을 말했다고 칩시다. 그런데 여러분이 무덤덤하고 무표정하게 "염려하지 마세요"라고 말하면, 그것은 "난 당신에게 무슨 일이 일어났는지 관심이 없다"라는 뜻으로 오해받을 수 있습니다.

그럼에도 오늘 바울은 "아무것도 염려하지 말라(Μηδὲν μεριμνᾶτε)"고 합니다. 지금 염려하는 대신에 무관심하라는 뜻입니까? 아닙니다. 앞서 19장에서 염려하지 말고 먼저 생각해야 한다고 했습니다. 그러므로 "아무것도 염려하지 말라"는 말씀은 '염려함으로 할 수 있는 생산적인 일이 없다'는 것을 지적하는 것입니다.

너희 중에 누가 염려함으로 그 키를 한 자라도 더할 수 있겠느냐_마 6:27

주님은 염려를 믿음이 없는 것과 연결하셨습니다.

오늘 있다가 내일 아궁이에 던져지는 들풀도 하나님이 이렇게 입히시거든 하물며 너희일까보냐 **믿음이 작은 자들아**_마 6:30

믿음이 작다는 것은 무슨 의미입니까? 빌립보서의 문맥으로 보면 나에게 반대하는 자의 이름이 생명책에 있다는 것을 믿지 못하는 것, 또한 이 모든 문제를 가장 공평하게 다루어 주실 '주님이 가까우시니라'는 말씀을 믿지 못하는 것이라고 할 수 있습니다. 그 결과로 기쁨을 잃어버리고, 사람을 대할 때 관용(gentleness)을 베푸는 것을 잃어버렸다는 것입니다.

그러면 이제 어떻게 하라는 말입니까? "염려하지 말라"는 말씀이 '무관심'하라는 말이 아니라면, 이제 우리는 무엇을 하라는 말입니까?

아무 것도 염려하지 말고 **다만 모든 일에 기도와 간구로**, 너희 구할 것을 감사함으로 하나님께 아뢰라_빌 4:6

'다만'은 영어로 'but'으로 되어 있습니다. 염려하는 '대신에' 무엇을 하라고 합니까? "기도와 간구"를 하라는 것입니다. **염려거리를 기도 제목으로** 바꾸라는 것입니다.

자녀가 아파도 그렇습니다. 무관심(apathy)하거나 혹은 "어떻게? 큰일 났네!" 하며 발을 동동 구르며 걱정만 하지 말고, 기도하라는 것입니다. 집안에 큰일이 터져도 "이 일을 어쩌지" 염려하지 말고, 기도하라는 것입니다. "하나님, 이런 일이 일어났네요. 지금 저에게 지혜를 주셔서 필요한 것들이 딱딱 떠오르게 해 주세요. 이 일로 오히려 하나님이 원하시는 일들이 나타나고, 복음의 진보가 드러나게 해 주세요"라고 기도하라는 것입니다.

기도의 범위

'아무것도(*Μηδὲν*, nothing)' 염려하지 말고, '모든 일(*παντὶ*, everything)'에 기도와 간구로 다 아뢰라고 합니다. 모든 것이 다 기도의 제목이 됩니다. "시시콜콜 그런 것까지 다 기도할 필요가 있나요?" 하는 분도 있을 것입니다. 그러나 그것이 무엇이든 '모든 일'에 포함됩니다. 즉, 모든 것이 다 기도 제목이 됩니다.

기도와 간구(by prayer and supplication)로 하나님께 아뢰라고 하는데, 여기서 간구는 '간절한 기도'를 의미합니다. 하루 먹을 음식이 냉장고에 있는 것을 알면서도 '오늘 우리에게 일용할 양식을 주시옵고'라고 기도할 것이 있습니다. 그러나 '당장 먹을 음식이 없을 때' 드리는 기도는 당연히 간절할 수밖에 없을 겁니다. 결론은 평안하든 힘들든, 쉽든 어렵든 모든 것이 다 하나님 아버지께 기도와 간구로 아뢸 기도 제목이 된다는 말입니다. 그렇다면 기도하지 않는 것이야말로 죄 아닙니까? 여러분이 기도하지 않고 자꾸 변명하는 것은 무엇입니까? 모든 일이 다 기도 제목입니다. 그러므로 교만한 마음을 내려놓고 기도하시기 바랍니다.

기도의 방법

…… 너희 구할 것을 **감사함으로 하나님께 아뢰라**_빌 4:6b

'감사'가 기도하는 방법이라는 것입니다. 감사할 일이 있으니 감사 기도를 하라는 것이 아닙니다. 염려거리가 있어도 그 염려를 내려놓고 '감사함으로(μετὰ εὐχαριστίας, with thanksgiving)' 기도하라는 것입니다. 그런데 이것이 가능합니까? 저는 솔직히 이해되지 않습니다. 하지만 하나님의 말씀이 이해되지 않을 때 저는 일단 순종해 봅니다. 순종할 때 하나님의 뜻이 깨달아지는 체험을 하게 됩니다.

저는 아픈 성도님들을 위해 기도할 때 '감사함으로' 아뢰라 하신 말씀에 순종하여 'with thanksgiving(감사함으로)'를 기도 끝에 꼭 붙입니다. '감사합니다!' 이런 느낌은 잘 안 오지만 감사하다고 고백합니다. 그런데 그다음 날 제 기도가 응답되었다는 소식이 들려오는 것을 많이 경험했습니다. 그때는 응답 주심에 감사하며 기도합니다. 그러면서 왜 '감사함으로' 기도하라고 하셨는지를 배웁니다. '응답 주실 것을 믿고 감사함으로 기도하라는 것이었구나' 깨닫습니다. 기적이 있을 것을 믿고 미리 감사하라는 것입니다.

때로는 성도님의 병이 낫도록 기도했는데 낫지 않고, 천국에 가시는 걸 봅니다. 하지만 슬픔 중에도 "천국 가는 기적을 주셔서 감사합니다" 하고 기도하는 저를 발견하게 됩니다. 이렇게 순종하여 어떤 상황에서도 '감사함으로' 기도하다 보니 하나님이 나의 기도를 반드시 응답해 주실 것이라는 믿음이 생깁니다.

하지만 '감사함으로' 아뢰는 기도의 더 큰 은혜는 이 모든 일을 허락하신 하나님이 지금까지 인도하신 것처럼 앞으로도 우리 인생을 인도하실 것이라는 확신을 얻는 것입니다. 하나님이 우리를 지키신다고 약속하셨으니 그 어떤 상황도 하나님의 주권 속에 있음을 믿고 그분의 선한 뜻이 이루어지기를 간구하시기 바랍니다. 그럴 때 '순종의 의지적 감사'가 밀려오는 벅찬 은혜를 경험하게 될 것입니다. 제가 의지적으로 감사 기도를 드릴 때 암송하는 성경 구절을 소개합니다.

> 사람이 감당할 시험 밖에는 너희가 당한 것이 없나니 오직 하나님은 미쁘사 너희가 감당하지 못할 시험 당함을 허락하지 아니하시고 시험 당할 즈음에 또한 피할 길을 내사 너희로 능히 감당하게 하시느니라_고전 10:13

> 우리가 알거니와 하나님을 사랑하는 자 곧 그의 뜻대로 부르심을 입은 자들에게는 모든 것이 합력하여 선을 이루느니라_롬 8:28

기도의 결과

> 그리하면 모든 지각에 뛰어난 하나님의 평강이 그리스도 예수 안에서 **너희 마음과 생각을 지키시리라**_빌 4:7

여기서는 '지킨다'는 말이 부각되고 있습니다. "모든 지킬 만한 것 중에 더욱 네 마음을 지키라 생명의 근원이 이에서 남이니라"(잠 4:23) 했습니다. 마음을 지키는 것이 그만큼 중요하다는 것입니다. 원래 '지킨다'는 말은 전시 상황에 쓰는 단어입니다. 그러니까 이 말은 적과 싸울 때 아군을 지키는 것을 말합니다.

톰 행크스(Tom Hanks)가 주연한 〈그레이하운드(Greyhound)〉라는 영화가 있습니다. 2차 세계대전 당시 대서양을 항해하는 연합군의 군함들이 독일의 잠수함 U-boat에 번번이 격침을 당합니다. 그때 처음으로 함장이 된 어니스트 크라우스(Ernest Krause)가 그레이하운드(Greyhound)라는 군함으로 독일 잠수함을 침몰시키고, 전쟁 물자를 호송하는 연합군 선박들을 지킵니다. 이 영화는 이런 실화를 바탕으로 한 것입니다. 그런데 영화의 첫 장면이 참 인상적입니다. 함장 어니스트가 큐티하며 기도하는 것으로 영화가 시작되기 때문입니다.

그리고 이 영화에는 함장이 기도하는 모습이 위기 때마다 계속 나옵니다. 특히 공군들이 하나님께서 자신들을 지켜 주지 못한다고 할 때, 마치 공군이 엄호하듯이 하나님께서 날개를 펴시고 기도하는 어니스트를 보호하시는 듯한 장면이 나옵니다.

염려는 우리 마음과 생각을 결코 지키지 못하게 합니다. 염려가 생기면 마음이 불안해집니다. 가장 최악의 상황만 상상하면서 생각에 생각이 꼬리에 꼬리를 무느라 밤잠을 설칩니다. 좀체 안정이 되지를 않습니다. 마치 잠수함에 그대로 노출된 배들처럼, 마귀에게 노출된 인생처럼 말입니다. 하지만 그럴 때일수록 그 염려거리를 기도의 제목으로 바꾸고 하나님께 '감사함으로' 아뢰면, 그 결과! 하나님의 평강이 '우리 마음과 생각을 지키신다'는 것입니다.

지금 숨을 쉴 수 없을 정도로 가슴 졸이는 시간을 보내고 있습니까? 그럴수록 더욱 기도하십시오. 그리하면 우리가 구한 바를 응답해 주시든지, 아니면 더 좋은 것으로 주시는 하나님 아버지이십니다. "그게 정말인가요?" 묻고 싶으신가요? 직접 해 보면 알게 될 것입니다.

자명종 같은 하나님 아버지

저는 하나님 아버지를 자명종과 같다고 말하고 싶습니다. 아니 자명종보다 훨씬 뛰어나십니다. 저는 자명종(알람)을 세팅하지 않고는 잠을 자지 않습니다. 하지만 이 알람(alarm)은 '내일 새벽기도 시간에 맞춰 일어날 수 있을까?', '내일 비행기를 놓치지는 않을까?', '내일 수업은 늦지 않을까?', '내일 일찍 기차를 타야 하는데……' 하는 걱정의 상징입니다.

대학생이 되어 기숙사 생활을 하던 딸이 처음으로 집에 왔다가 학교로 돌아가기 전날 밤의 일입니다. 딸은 학교로 돌아가는 기차를 타려면 다음 날 아침 7시에 일어나야 한다며 저보고 깨워 달라고 했습니다. 그러고는 걱정의 상징인 알람을 세팅하지 않고 푹 잠을 잤습니다. 그 딸을 보면서 저는 딸에 대한 염려를 내려놓았습니다. 딸을 대학에 보내 놓고, '수업은 잘 받고 있을까? 아침은 꼬박꼬박 챙겨 먹을까? 시험 시간에 잘 맞춰 일어날까? 주말에 술 파티의 유혹에 빠지지 않고 잘 지낼까?' 하던 염려를 알람 되시는 하나님 아버지께 아뢰고 염려하지 않기로 했습니다. "모든 술에 잠자는 약을 탄다더라. 호기심에 한 잔 마시면 너 죽는 거야! 알았지?" 하며 딸을 걱정했습니다. 그런데 이제는 "아빠, 내일 아침에 깨워 주세요" 부탁하고 편히 자는 딸처럼, 저도 하늘 아바 아버지에게 기도합니다. "아버지, 저도 내일 아침 깨워 주세요." 그러자 하나님 아버지가 말씀하십니다. "문제없지 (No, Problem)!"

이것이 바로 모든 지각에 뛰어나신 하나님의 평강이 예수 안에서 우리 마음과 생각을 지키시는 증거입니다. 하나님의 평강(peace), 샬롬이 우리의 불안한 마음을 다스리는 것입니다. 샬롬은 단순히 전쟁이 없고, 마음이 평안한 상태만 의미하지 않습니다. 샬롬은 하나님과의 관계에서 모든 계약 조건을 다 이행했을 때 오는 것입니다. 즉 빚이 없는 관계에서 오는 평강입니다. 마치 빚에 쪼들려 힘들어하던 사람이 빚을 다 갚고 당당해지듯이 말입니다.

주기도문에 "우리가 우리에게 죄지은 자를 사하여 준 것같이 우리 죄를 사하여 주시옵고(forgive us our debts as we forgive our debtors)"라는 구절이 있습니다. 빚진 인생이 바로 우리 죄인들 인생 아닙니까? 그 죄라는 빚을 누가 갚아 주셨습니까?

그가 찔림은 우리의 허물 때문이요 그가 상함은 우리의 죄악 때문이라 그가 징계를 받으므로 우리는 평화를 누리고 …… _사 53:5a

우리 예수님께서 우리 죄를 대신 갚아 주셨습니다. 그리고 이렇게 선포하십니다.

> 평안을 너희에게 끼치노니 곧 나의 평안을 너희에게 주노라 내가 너희에게 주는 것은 세상이 주는 것과 같지 아니하니라 너희는 마음에 근심하지도 말고 두려워하지도 말라_요 14:27

나를 위해 십자가에서 죄의 빚을 청산해 주신 예수님이십니다. 하나님 아버지는 내 인생의 주인 되시며, 내 삶의 엉클어진 실타래를 풀어 주실 전능자이십니다. 내 이름을 생명책에서 지우지 아니하시고, 내 기도를 들으시며, 최선의 응답을 주시는 분입니다. 아빠에게 내일 아침 깨워 달라고 부탁하고 편히 자는 딸처럼, 우리도 주님의 약속, 샬롬(평강)으로 우리의 마음과 생각을 든든히 지키기를 바랍니다.

적용질문

† 사도 바울도 '염려'했다고 성경에 적혀 있습니다. 그렇다면 "아무것도 염려하지 말라"고 한 말씀과 상충하는 것은 아닌가요? 누가 그것에 대해 물으면 어떻게 답하겠습니까(고후 11:28, 빌 2:20, 마 6:30)?

† 빌립보서 4장 6절, 7절에서 살펴볼 수 있는 교훈을 아래에 정리하면서 그 은혜를 나눠 봅시다.

· _____(빌 4:6)

· _____(빌 4:6b, 고전 10:13, 롬 8:28)

· _____(빌 4:7)

† 하나님의 평강은 누구에게 약속된 말씀입니까(빌 4:7)? 나의 염려의
제목을 기도 제목으로 나누고 있습니까? '감사함으로' 기도해야 할
것은 무엇입니까(사 53:5a, 요 14:27)?

Chapter

21

샬롬 샌드위치

빌립보서 4장 6~9절

6 아무 것도 염려하지 말고 다만 모든 일에 기도와 간구로, 너희 구할 것을 감사함으로 하나님께 아뢰라 7 그리하면 모든 지각에 뛰어난 **하나님의 평강이** 그리스도 예수 안에서 너희 마음과 생각을 지키시리라 8 끝으로 형제들아 무엇에든지 참되며 무엇에든지 경건하며 무엇에든지 옳으며 무엇에든지 정결하며 무엇에든지 사랑 받을 만하며 무엇에든지 칭찬 받을 만하며 무슨 덕이 있든지 무슨 기림이 있든지 이것들을 생각하라 9 너희는 내게 배우고 받고 듣고 본 바를 행하라 그리하면 평강의 하나님이 너희와 함께 계시리라
_빌 4:6~9

취중에 우발적으로 저지른 범죄는 계획적으로 벌인 범죄와 비교할 때 그 형량이 낮아집니다. 왜 그럴까요? 정상참작을 하기 때문입니다. 한마디로 생각 없이 저지른 사건과, 생각을 하고 저지른 사건의 차이점입니다. 생각의 유무의 차이입니다. '바른 생각'은 '바른 행동'으로 직결되지만 '바르지 못한 생각'은 '바르지 못한 행동'으로 이어진다는

것을 우리가 인정하기 때문입니다. 그래서 저는 이런 질문을 던져 봅니다. 크리스천답게 생각하는 방법, '크리스천식 생각(Christian mind)'이 있다면 무엇일까요?

크리스천식 생각

크리스천식 생각이란 모든 것을 크리스천 '가치관'으로 생각하는 것을 말합니다. 8절에서 사도 바울이 "이것들을 생각하라"는 말씀도 그렇습니다. 크리스천, 이미 그리스도 안에서 은혜를 경험하고, 복음이 무엇인지 이해하는 자들에게 주는 권면입니다. 즉 '은혜를 모르고, 복음이 뭔지 모르면, 바울이 주는 권면의 혜택을 받을 수 없다'는 것입니다.

이 책의 서두에서도 밝혔듯이 빌립보서는 바울이 빌립보 교회 성도들에게 보내는 편지입니다. 편지는 우리가 주일 설교에서 듣는 식으로 두세 절씩 끊어서 읽지 않습니다. 쭉 읽습니다. 우리도 이 책을 통해 빌립보서를 편지 읽듯이 쭉 읽으면서 문맥 속에서 전달되는 메시지가 무엇인지 더 뚜렷이 깨달을 수 있으리라 생각합니다.

지난 4장 7절에서 "그리하면 모든 지각에 뛰어난 **하나님의 평강이** 그리스도 예수 안에서 너희 마음과 생각을 지키시리라" 하였습니다. 9절에도 "그리하면 **평강의 하나님이** 너희와 함께 계시리라" 합니다. 이 본문은 문자 그대로 하나님의 평강과 평강의 하나님 사이에 샌드위치처럼 끼어 있는 내용입니다. '샬롬 샌드위치'라고 할 수 있습니다.

샬롬 샌드위치

바울이 전하는 샬롬 샌드위치의 내용물은 복음의 원리를 전제로 합니다. 복음을 알고 깨닫고 은혜받은 자들만이 맥시멈(maximum) 혜택을 받을 수 있는 것을 전제로 하는 것입니다.

복음에 뿌리를 둔 바른 생각의 힘

하나님의 평강은 그냥 심리적으로 얻어지는 것이 아닙니다. 자기최면을 걸어서 얻는 심리적인 효과도 아닙니다. 하나님의 평강은 하나님의 사람들이 최선을 다해 자신들이 생각하는 것이 무엇인지, 이것이 진정 하나님이 "오케이!" 하시는 것인지, 검증하지 않으면 결코 아웃풋(output) 될 수 없는 것입니다. 다시 말해, 하나님의 평강은 순종의 결과입니다.

여러분이 아침에 일어나자마자 가장 먼저 하는 일이 무엇입니까? 여러분이 얻고자 하는 첫 정보(info)는 무엇이며, 여러분이 읽어서 머릿속에 집어넣는 내용물은 무엇입니까? 문학작품을 읽어도 좋겠지만, 제일 먼저 여러분의 생각 속에 넣어야 할 내용물은 하나님이 보장하신 하나님의 말씀입니다.

우리 자녀들이 제일 먼저 아침에 일어나 보고 듣고 하는 것이 무엇입니까? 그것이 자녀들의 생각을 주관합니다.

네 자녀에게 부지런히 가르치며 집에 앉았을 때에든지 길을 갈 때에든지 누워 있을 때에든지 일어날 때에든지 이 말씀을 강론할 것이며_신 6:7

이것을 네 손가락에 매며 이것을 네 마음판에 새기라_잠 7:3

"나한테 이래라저래라 하지 마세요(Don't tell me what to do)!" 아이들이 잘하는 말입니다. 잔소리가 듣기 싫은 것입니다. 그런데 바울은 시종일관 그런 이야기만 하고 있습니다. "정치적으로 부적절함(Politically incorrect)!" 거기서 더 나아가 "네가 어떻게 생각해야 할지 말해 주겠다(let me tell you what to think)!"라는 것입니다. 완전 주입식(indoctrination)입니다. 좋은 의미에서 '하나님 말씀으로 세뇌하기'입니다. 모든 사상에 개방적인 것이 가장 자유롭다고 생각하는 것은 착각입니다. 복음에 뿌리를 둔 바른 생각을 해야 진정한 의미에서 '자유사상가(free thinker)'가 되는 것입니다.

여러분은 '예수만이 진리이다 vs. 뭘 믿어도 된다' 중에 어느 쪽이 더 자유롭다고 생각하십니까? 대부분 후자라고 생각합니다. 그러나 실제로는 뭘 믿어도 된다고 생각하는 사람들이 훨씬 자유롭지 못합니다. 오히려 더 꽉 막혔습니다. 모슬렘들을 보십시오. 타종교를 핍박하고, 가족 중에 누가 다른 종교를 믿으면 호적에서 파냅니다. 그러나 기독교는 이슬람권 사람들을 품으며 그들에게 복음을 전합니다. 예수 믿지 않는 자녀들을 끝까지 품으며 기도하지 내쫓지 않습니다. 그래서 복음에 뿌리를 둔 바른 생각이 중요합니다.

창세기 39장 9절에서 요셉은 "이 집에는 나보다 큰 이가 없으며 주인이 아무것도 내게 금하지 아니하였어도 금한 것은 당신뿐이니 당신은 그의 아내임이라 그런즉 내가 어찌 이 큰 악을 행하여 하나님께 죄를 지으리이까(How then could I do such a wicked thing and sin against God?)"라고 했습니다. 다른 말로 해서 "이것은 결코 바른 생각이 아닙니다!"라는 것입니다. 요셉은 "나는 하고 싶지 않습니다(I don't feel like this)"라고 말하지 않았습니다. "만약에라도 소문이 나면 안 됩니다." 이런 식으로도 말하지 않았습니다. 요셉은 하나님의 말씀에 따라 무엇이 옳은지 생각했고, 하나님의 말씀의 틀에서 벗어나는 것은 과감히 끊어 버렸습니다.

> 너희는 내게 배우고 받고 듣고 본 바를 **행하라** 그리하면 평강의 하나님이 너희와 함께 계시리라_빌 4:9

바른 생각의 힘은 '행하라'에 있습니다. 그러면 **바른 생각의 기준**은 무엇일까요? '샬롬 샌드위치'의 내용물이 8절에 등장합니다.

끝으로 형제들아 ① 무엇에든지 참되며 ② 무엇에든지 경건하며 ③ 무엇에든지 옳으며 ④ 무엇에든지 정결하며 ⑤ 무엇에든지 사랑받을 만하며 ⑥ 무엇에든지 칭찬 받을 만하며 **무슨 덕이 있든지 무슨 기림이 있든지 이것들을 생각하라** Finally, brothers, whatever is true, whatever is noble, whatever is right, whatever is pure, whatever is lovely, whatever is admirable--**if anything is excellent or praiseworthy--think about such things** [NIV]

_빌 4:8

영어 성경을 보면 내용이 쭉 나열되다가 'if' 구절이 나옵니다. 종합해서 덕과 기림(excellent, praiseworthy)에 대해 말하고 있습니다. 이는 곧 하나님이 인정하시는 것에 가치를 둔다는 뜻입니다. 크리스천은 '언제 어느 날 예수 믿기로 결심한 자'로 정의되지 않습니다. '하나님이 인정하신 것에 가치를 두고 행하는 자'가 크리스천입니다.

덕과 기림

크리스천은 그가 믿는 '덕(goodness)' 때문에 밝혀지는 사람입니다. 크리스천은 그의 '기림(praiseworthy)' 때문에 평균에서 머리 하나가 솟아 오르는 자입니다. '군계일학(群鷄一鶴)' 같이 눈에 띄게 뛰어난 (outstanding) 사람입니다.

우리가 크리스천이 되면 '새로운 피조물'(고후 5:17)이 되었다고 하지 않습니까? 그 말은 내 몸이 변해서 갑자기 높이뛰기를 잘하거나 100m 달리기를 더 빨리 뛰게 되었다는 뜻이 아닙니다. 생각이 변하고, 인격이 변화하는 것을 말하는 것입니다. 왜 그런가요? 크리스천은 하나님이 인정하시는 것에 가치를 두고 살기 때문입니다.

이스라엘 백성의 고혈을 짜내던 세리 삭개오가 예수님을 만나 새로운 피조물로 변했습니다. 그는 관용을 나타내는 관대한 사람이 되었습니다(눅 19장). 인생을 비관하며 숨어 살던 우물가의 수가성 여인도 새로운 피조물로 변했습니다. 여인은 빈 물동이를 버려두고 마을로 가서 기쁘게 복음을 전하는 자가 되었습니다(요 4장).

성 어거스틴(St. Augustine, 354~430)은 서방 기독교의 신학적 토대를 닦은 신학자요, 성인으로 평가받는 분입니다. 그러나 그는 청년 시절 성적 쾌락을 추구하고, 결혼하지 않은 채 여인과 동거해 자녀를 낳았습니다. 그리고 마니교라는 이단에 빠져 방탕하게 살았습니다. 그러던 그가 예수님을 만나 새로운 피조물이 되었습니다. 이전에 그와 같이 놀던 여인이 변한 어거스틴을 보고 다가왔을 때 "나는 이전의 내가 아니다. 지금 예수 안에서 새로운 피조물로 변했다"라고 고백한 유명한 에피소드가 있습니다.

"사람은 안 변한다"라는 말을 우리가 자주 하지만 기독교 역사는 사람이 예수 안에서 새로운 피조물로 변한 간증들로 가득 차 있습니다.

예수 믿는 사랑하는 성도 여러분! 도대체 변하지 않는 내 안의 딱딱한 것이 있다면 무엇입니까? 예수 십자가의 보혈로 다 녹아지기를 축원합니다. 성령의 역사하심으로 새사람이 되는 은혜가 있기를 바랍니다.

헨리 나우웬(Henri J. M. Nouwen)의 『예수님을 생각나게 하는 사람』 이라는 책을, 추천사를 보고 좋아서 읽은 적이 있습니다. 추천사의 내용은 "하나님을 섬기는 것, 하나님을 섬기는 기쁨을 잃어버린 사람에게 강력 추천합니다!"였습니다. 그 책에서 헨리 나우웬은 "정말 짜증 나고 컴플레인하고 싶은 순간, 다 손 놓고 싶은 그 순간에 포기하지 말라! 그때야말로 예수님을 드러내는 절호의 기회다"라고 말합니다.

20여 년 전에 한 성도님이 "목사님 말씀을 듣다 보면 지금 막 강대상 뒤에서 예수님을 만나자마자 바로 나와서 말씀을 전하시는 것 같아요" 하며 저를 격려하신 적이 있습니다. 그때 그분의 말이 제가 지향할 목표, 좌우명 같은 것이 되었습니다. 그런데 근래에는 그런 말을 들은 기억이 없습니다. 그래서 회개가 됩니다. 가정과 직장의 어려움과 건강의 위협 속에서 초조하게 사는 성도님들이 계십니까? 그때가 바로 '예수님을 드러낼 수 있는 절호의 기회'라는 것을 기억하시기 바랍니다.

크리스천은 식사하기 전에 고개를 숙이고 눈을 감고 기도하는 모습에서도, 대화할 때 말투를 통해서도 인격과 행동이 확실히 구별되어 나타나는 사람입니다. 날마다 하나님이 인정하시는 덕과 기림(goodness and praiseworthy)을 생각하십시오. 그 생각이 여러분의 인격과 행동을 예수님 닮은 새로운 피조물로 변하게 할 것입니다.

적용질문

† 아침에 일어나자마자 가장 먼저 하는 일이 무엇입니까? 내가 읽어서 머릿속에 집어넣는 첫 내용물은 무엇입니까? 뉴스입니까? 문학작품입니까? 하나님의 말씀입니까?

† 본문은 빌립보 교회 성도들을 향한 권면임을 상기할 필요가 있습니다. 즉, 복음의 능력과 은혜를 경험한 자들만이 순종할 수 있는 말씀이라는 것입니다. 나에게도 은혜를 경험한 자들만이 알아듣고 행하는 말씀이 있습니까?

† 바울이 전하는 바른 생각의 기준(샬롬 샌드위치의 내용물)은 무엇입니까
(빌 4:8, 창 39:9)?

  · ----------------------   · ----------------------
  · ----------------------   · ----------------------
  · ----------------------   · ----------------------

† 부모로서 자녀에게 '복음에 뿌리를 둔 바른 생각의 힘'을 심어 주려면
어떻게 해야 할지 함께 나누고 적용해 봅시다(신 6:7, 잠 7:3).

Chapter

22

육각형
십자가 틀

빌립보서 4장 8~9절

8 끝으로 형제들아 무엇에든지 참되며 무엇에든지 경건하며 무엇에든지 옳으며 무엇에든지 정결하며 무엇에든지 사랑 받을 만하며 무엇에든지 칭찬 받을 만하며 무슨 덕이 있든지 무슨 기림이 있든지 이것들을 생각하라 9 너희는 내게 배우고 받고 듣고 본 바를 행하라 그리하면 평강의 하나님이 너희와 함께 계시리라_빌 4:8~9

자세가 틀어지면 건강에 문제가 생깁니다. 그래서 자세를 바로잡고 균형을 잡는 게 중요합니다. 생각에도 틀이 있습니다. 교육철학은 바로 이 틀을 만들어 가는 것입니다. 신앙에도 이 틀이 중요합니다. 바로 그리스도의 틀, 예수님의 틀입니다. 바울은 본문에서 그것을 6가지로 세분하여 우리가 가져야 할 생각의 틀로 제시하고 있습니다.

무엇에든지 참되며(Thinking about Whatever is true)

첫 번째 틀은 진리(truth)에 대한 것입니다. 에베소서의 전신 갑주로 무장하라는 말씀이 생각납니다.

> 그런즉 서서 진리로 너희 허리 띠를 띠고(belt of truth)……_엡 6:14a

허리 벨트를 올바르게 매지 못하면 옷차림이 흐트러져 보입니다. 산업용 벨트도 제대로 매지 않으면 동력을 얻을 수 없습니다. 크리스천의 벨트도 그렇습니다. 오직 성경 말씀의 진리가 벨트가 되어 우리의 힘이 되어야 합니다. 앞으로 나오는 모든 생각의 틀이 여기서부터 파생된다고 해도 과언이 아닙니다.

무엇에든지 경건하며(Whatever is noble)

경건은 경박하고(frivolous) 시시한(trivial) 것의 반대말입니다. 매사 신중하고, 사려 깊게 대하는 태도입니다. 그렇다고 삶을 대할 때 웃음기 없이 늘 심각하라는 말이 아닙니다. 익살스럽고 재미있는 부분도 있어야 합니다. 경건은 경직이 아니라 배려, 사려 깊음(thoughtfulness)입니다. 한마디로 '생각이 깊다'는 뜻입니다. 이 인품은 '관용(considerate)'이라는 말로 성경에 자주 등장합니다.

아무도 비방하지 말며 다투지 말며 **관용하며** 범사에 온유함을 모든 사람에게 나타낼 것을 기억하게 하라 _딛 3:2

오직 위로부터 난 지혜는 첫째 성결하고 다음에 화평하고 **관용하고** 양순하며 긍휼과 선한 열매가 가득하고 편견과 거짓이 없나니 _약 3:17

무엇에든지 옳으며 (Whatever is right)

여기서 옳다는 것은 도덕성을 이야기합니다. 종교다원주의의 심화는 도덕성 위기의 심각성을 알 수 있는 바로미터 중 하나입니다. 또한 성정체성 논란은 이 시대 도덕성에 큰 위기가 왔음을 보여 줍니다.

몇 해 전의 일입니다. 학생의 30%가 아이비리그(Ivy League) 대학을 간다는 한 명문 사립고등학교에서 풋볼 선수로 활동하던 한 학생이 한 경기 출전 정지를 당했습니다. 스쿨버스를 타고 가면서 "사람의 성(sex)은 남성과 여성 둘만 있다"고 하며 다른 학생들과 논쟁했기 때문이라고 합니다. 이 문제로 이 학생은 법정까지 갔습니다.

미국에서 교인이 가장 많은 PCUSA(미국 장로회)는 2014년 221차 총회에서 결혼의 정의를 '한 남자와 한 여자의 혼인의 결합'에서 '두 사람의 결합(the union of two people)'으로 바꾸고 동성 간의 결혼을 인정했습니다. 그 결혼식 또한 교회가 집례할 수 있게 했습니다. 교회가 이

시대 도덕성의 바로미터가 되어야 하는데 안타깝습니다. 이런 잘못된 결정을 막기 위해 고군분투하는 동역자들을 응원합니다.

무엇에든지 정결하며(Whatever is pure)

우리가 살고 있는 사회는 편리주의로 매사를 결정합니다. 손익 계산을 먼저 따지고 결정합니다. 그러나 우리 크리스천들은 좀 불편해도, 좀 손해를 봐도 '정결하기 위해(to be pure)' 결정해야 합니다.

아무에게나 경솔히 안수하지 말고 다른 사람의 죄에 간섭하지 말며 **네 자신을 지켜 정결하게 하라**_딤전 5:22

주를 향하여 이 소망을 가진 자마다 그의 깨끗하심과 같이 **자기를 깨끗하게 하느니라**_요일 3:3

이 말씀을 이해하기 위해 우리에게 특별한 두뇌가 필요한 것은 아닙니다. 요한일서 3장 3절에서 '이 소망'은 주님이 다시 오시는 소망을 말합니다. 이것을 믿는 자마다 자신을 깨끗하게 한다고 합니다. 그렇습니다. 주님이 오셔서 다 심판할 것을 아는 사람은 자신을 지켜 정결하게 할 것입니다.

예를 들어 목회자가 《플레이보이》 같은 음란 잡지를 손에 들고 다닌다고 칩시다. 예배당 안에서도, 심방 갈 때에도 성경책과 함께 들고 다닌다고 생각해 보세요. 그걸 보고 성도들이 무슨 생각이 들겠습니까? 융통성 있는 목사라고 여길까요? 정결하지 않은 목사라고 생각하지 않겠습니까? 당연히 그렇게 생각하는 게 맞습니다. 우리가 생각과 행동으로 몰래 죄짓는 것을 남들이 보고 있다고 생각해 보세요. 당연히 부끄럽지 않습니까.

무엇에든지 사랑받을 만하며(Whatever is lovely)

'사랑받을 만하며(lovely)'는 충돌, 갈등(friction)의 반대말입니다. 다들 '충돌, 갈등(friction)'보다 '사랑받을 만하며(lovely)'가 더 쉽다고 생각하지만 그렇지 않습니다. 오히려 충돌, 갈등, 마찰, 원수 짓는 것은 쉽습니다. 그냥 생각 없이 행동하면 충동하고 갈등하고 마찰하고 원수 짓게 됩니다. 그러나 크리스천은 사랑과 훈훈함을 증진시키는 일을 선택합니다. 그런 언어를 선택합니다.

언젠가 새로 오신 성도님이 "교회 셔틀버스를 탔는데 그 안에서 '베델교회가 안 좋다'고 얘기하는 분이 있더라" 하며 저에게 고발을 했습니다. 그래서 제가 "뭐 때문에 교회가 안 좋다고 합디까?" 하고 물어봤더니, "교회에서 밥을 안 준다" 하며 막 퍼붓더니, 내릴 때는 또 "은혜 많이 받으세요" 하더랍니다. 왜 그런 사람이 베델 교인인지 저는 묻고 싶습니다. 사랑받을 만한 이야기로 한다면 "우리 교회는 식당을 아이들에게 꼭 필요한 예배실로 양보하는 교회다"라고 할 수 있지 않습니까?

무엇에든지 칭찬받을 만하며(Whatever is admirable)

KJV 성경은 '칭찬받을 만하며(admirable)'를 '좋은 평판을 얻고(of good report)'로 표기하고 있습니다. 여러분은 이것을 보고 생각나는 것이 없습니까? 저는 가나안 정탐군들의 보고가 생각납니다. 똑같은 것을 보고 왔는데, 한 무리는 악한 보고를 했고, 여호수아와 갈렙은 아름다운(good) 보고를 했습니다(민 13장). 악한 보고는 사람을 찢는 보고입니다.

지금까지 육각형의 '크리스천이 마땅히 생각해야 할 틀'을 보았습니다.

우리가 어떤 상황에 있든지 이 6가지, 혹은 종합해서 두 가지(무슨 덕이 있는지, 무슨 기림이 있는지)가 틀(frame)이 되어 성도다운 생각과 성도다운 행동을 했으면 좋겠습니다.

그렇다면 십자가의 틀이란 어떤 것일까요?

이는 하나님의 영광의 광채시요 그 본체의 형상(χαρακτὴρ)이시라 ……_히 1:3a

예수님의 십자가 틀, 그리스도의 본체에서 찍어내는 형상(χαρακτήρ)은 성격, 인품(character)입니다.

몇 해 전, 한 성도님의 특별한 잔치에 초대받아 갔을 때의 일입니다. 그때 그 성도님의 아들이 '아빠에 대한 글'을 낭독하는 시간이 있었는데, 그 아들이 아버지에 대한 고마움을 표하면서 이런 말을 했습니다.

"직장에서 무슨 일이 생기면 동료들은 늘 제 의견을 물어봅니다. 동료들은 저보고 '조니는 절대 거짓말을 하지 않아(Johnny never lies)'라고 말합니다."

그러면서 이 아들은 자신의 인품(character)은 아버지에게서 배운 것이라고 했습니다. 즉 아빠의 인격의 틀에서 배웠다는 것입니다. 그 말을 듣는데 제 눈에서 눈물이 핑 돌았습니다. 그때 이 말이야말로 아들이 아버지에게 할 수 있는 최고의 찬사라는 생각이 들었습니다.

아무 일에도 염려하는 대신 기도로 울타리를 치고, 진리의 말씀으로 내 마음과 생각을 반복 연습(drilling)하면 주님을 닮아 가는 모습이 우리에게도 조금씩 나타날 것입니다. 마치 주물을 뜰 때 녹인 금속이 틀에 부어지듯이 십자가의 틀에 나의 부족한 인격이 부어져서 주님의 성품에 조금이라도 가깝게 조형되는 은혜가 임할 줄 믿습니다.

다들 '충돌, 갈등(friction)'보다 '사랑받을 만하며(lovely)'가
더 쉽다고 생각하지만 그렇지 않습니다.
오히려 충돌, 갈등, 마찰, 원수 짓는 것은 쉽습니다.
그냥 생각 없이 행동하면 충동하고 갈등하고 마찰하고
원수 짓게 됩니다. 그러나 크리스천은 사랑과 훈훈함을
증진시키는 일을 선택합니다. 그런 언어를 선택합니다.

적용질문

† 우리 집에 대대로 내려온 가훈이 있다면 무엇입니까?

† 사도 바울이 빌립보 교회를 향한 여섯 가지의 권면을 하나씩 정리하면
  서 우리에게 적용해야 할 점을 묵상해 봅시다(빌 4:8).

  • _____(엡 6:14a)

  • _____(딛 3:2, 약 3:17)

  • _____

  • _____(딤전 5:22, 요일 3:3)

  • _____

  • _____

✝ 예수님이 지신 십자가는 내 죄를 위한 형틀이었지만, 그 십자가는 오늘 도 나의 모난 인품을 깎아 가는 육각형의 틀이기도 합니다. 그 십자가 를 대할 때마다 내 마음에 어떤 회개와 감사가 넘칩니까(히 1:3a)?

Chapter

23

롤러코스터 학교에서
배운 비결

빌립보서 4장 10~13절

10 내가 주 안에서 크게 기뻐함은 너희가 나를 생각하던 것이 이제 다시 싹이
남이니 너희가 또한 이를 위하여 생각은 하였으나 기회가 없었느니라 11 내가
궁핍하므로 말하는 것이 아니니라 어떠한 형편에든지 나는 자족하기를 배웠
노니 12 나는 비천에 처할 줄도 알고 풍부에 처할 줄도 알아 모든 일 곧 배부름
과 배고픔과 풍부와 궁핍에도 처할 줄 아는 일체의 비결을 배웠노라 13 내게
능력 주시는 자 안에서 내가 모든 것을 할 수 있느니라_빌 4:10~13

인생은 롤러코스터와 같다고 합니다. 인생이든 롤러코스터든 내려갈
때가 있으면 올라갈 때가 있고, 가끔 뒤집히기도 하며, 급하게 우회전
과 좌회전을 할 때도 있기 때문입니다. 그래서 롤러코스터 같은 세상
에 사는 우리는 불평불만을 하며 본문의 말씀이 '현실과 너무 동떨어
진 말씀이 아닌가' 하고 생각합니다. 오히려 "롤러코스터 탈출기" 혹

은 "주식 투자하여 자산을 두세 배 늘리는 비법 3가지" 이러면 즉시로 사람들이 관심을 가질 것만 같습니다. 현실은 안 되는 것투성이인데, "내게 능력 주시는 자 안에서 모든 것을 할 수 있다"고 하니 이 말씀이 와닿지 않는 것입니다. "아무 것도 염려하지 말고 …… 감사함으로 하나님께 아뢰라" 하신 지난 4장 6절처럼 심기 불편한 말씀입니다. 내 형편이 항상 감사할 형편이 아니기 때문입니다.

더구나 입만 열면 불평할 일이 쌓여 있는데, '자족(content)하라'고 하니 불편하기 짝이 없습니다.

불평하는 마음과 자족의 마음은 절대 공존하지 못합니다. 질투와 자족은 결코 한 방을 쓸 수 없습니다. 함께 있으면 피차 불편합니다. "너의 불행이 나의 행복"인 죄악의 텃밭에서 자족은 마치 멸종 위기의 천연기념물 같다는 생각마저 듭니다.

그런데 바울은 이렇게 얘기합니다. "나는 자족하기를 배웠노니 (I have learned the secret)." 그래서 우리도 자족을 배울 수 있다는 희망이 생깁니다. 롤러코스터 인생 학교에서 수업료를 내면서라도 이것을 배우시겠습니까? 약국에 갔더니 '자족의 비결' 캡슐을 만 원에 판다면 사시겠습니까? 하도 속아서 '노(No)'입니까? 십만 원이면 몰라도 만 원이면 손해 보는 셈 치고 사시겠습니까? 아무리 비싼 수업료를 내더라도 자족의 비결을 배울 가치가 있는지 롤러코스터 학교에 일단 입학해 봅시다.

배경

빌립보 교회는 바울이 마게도니아에서 환상을 보고 유럽 땅을 밟은 후 처음으로 개척한 교회입니다. 자색 옷감 장사 루디아와 귀신 들렸던 노예 출신 자매, 자결하려던 로마 간수가 빌립보 교회 개척 멤버입니다. 성도들의 영적 아버지와 같던 바울이 로마 감옥에 갇혔다는 말에 성도들은 헌금을 모았고, 에바브로디도를 통해 로마 감옥에 있는 바울에게 그 사랑을 전했습니다.

그런데 로마에서 바울을 돕던 에바브로디도가 중병에 걸려 죽을 지경에 처했다가 하나님의 은혜로 다시 살아납니다. 근심을 덜어 낸 바울은 걱정하고 있을 빌립보 교회에 편지를 써서 에바브로디도의 손에 들려 보냅니다. 그 편지가 바로 빌립보서입니다. 바울이 이 일로 얼마나 마음고생을 했는지 2장 28절에 잘 나타나 있습니다.

> 그러므로 내가 더욱 급히 그를 보낸 것은 너희로 그를 다시 보고 기
> 뻐하게 하며 **내 근심도 덜려 함이니라 I may have less anxiety**
> [NIV]_빌 2:28

바울 역시 우리처럼 걱정(anxious)했는데, 기도하면서 죽을 줄 알았던 에바브로디도가 나았습니다. 그래서 이제 "너희에게 빨리 보내게 되어 걱정을 덜었다"고 하면서 "아무 것도 염려하지 말고 다만 모든 일에 기도와 간구로, 너희 구할 것을 감사함으로 하나님께 아뢰라

그리하면 모든 지각에 뛰어난 하나님의 평강이 그리스도 예수 안에서 너희 마음과 생각을 지키시리라"(빌 4:6~7) 하고 권면한 것입니다. 바울은 혼자 딴 세상에 사는 사람처럼 뜬구름 잡는 말씀을 한 것이 아닙니다. 근심과 염려 속에서 마음의 평정을 찾은 본인의 체험담이라고 할 수 있습니다. 그는 성도들이 보내 준 헌금에 감사한 마음을 다음과 같이 전달합니다.

> 내가 주 안에서 크게 기뻐함은 너희가 나를 생각하던 것이 이제 다시 싹이 남이니 너희가 또한 이를 위하여 생각은 하였으나 기회가 없었느니라_빌 4:10

오해 가능성 1

그런데 이 10절 말씀은 감사하는 마음을 전달하는 내용 치고는 표현이 좀 그렇습니다. 바울이 성도들의 헌금("너희가 나를 생각하던 것")을 받고 "크게 기뻐"했다고 말합니다. 그런데 '나를 생각하던 것' 즉 빌립보 교인들이 헌금한 것을 '이제 다시 싹이 남'이라고 표현합니다. 영어로는 'revived at last(마침내 살아남이라)'입니다. 이를 '싹'으로 번역한 한국말이 재미있습니다. 흔히 어떤 일이나 사람의 장래성이 희박하다고 할 때 "싹수없다"라고 하지요. 즉, 바울이 하는 말이 '너희가 나를 도울 생각이 쥐뿔만큼도 없었다가, 드디어 싹이 살아나서 보냈구나'

식으로 볼 수도 있습니다.

우리가 생일 선물을 뒤늦게 받거나 의외의 사람으로부터 받으면 "웬일이냐? 어떻게 생각나서 선물을 다 보내고?"라고 말하듯이 말입니다.

그래서 바울은 행여 빌립보 교인들이 오해할까 봐 바로 변명을 붙입니다.

"(너희가) 이를 위하여 생각은 하였으나 기회가 없었느니라." 즉 싹수가 없는 게 아니라, 싹은 있는데 기회가 닿지 않아서 그랬을 뿐이라는 것입니다.

오해 가능성 2

아마도 바울은 감사 편지를 쓰다가 문득 이런 생각을 했을지도 모릅니다.

'너희가 보내 준 사랑의 헌금을 받고 내가 크게 기뻐했다. 너희가 기회가 없어서 그런 것이지 나에 대한 사랑이 없어서 그런 것이 아니었는데, 에바브로디도를 통해 보내 준 헌금을 받고 내가 얼마나 기뻤는지……'

그런데 여기까지 생각하던 바울의 머릿속에 문득 복잡한 생각이 스쳐 지나갑니다. 뭘까요?

"혹시 돈 더 보내 달라는 것으로 오해하면 어떡하지?"

그래서 이때 바울이 이렇게 말합니다.

내가 궁핍하므로 말하는 것이 아니니라······_빌 4:11a

"돈이 더 필요해서 그러는 것이 절대 아니다"라는 것입니다. 감옥에 있는데, 왜 필요한 것이 없겠습니까? 디모데후서에 보면 바울이 감옥에서 지내면서 면회하러 올 디모데에게 마지막으로 부탁한 것이 있습니다. "드로아 가보의 집에 둔 겉옷을 가져와 달라"고 합니다. 즉, 춥다는 것입니다. 그리고 "가죽 종이에 쓴 책을 가져와 달라"고 부탁합니다. 심심하다는 것입니다. 그러면서 "겨울 전에 서둘러 오라"고 합니다(딤후 4:13, 21). 하지만 지금 바울은 궁핍하지 않다고 말합니다. 궁핍해서 헌금을 더 보내라고 하는 것이 아님을 17절에서도 "내가 선물을 구함이 아니요"하며 강조합니다.

　제가 캠퍼스 사역을 할 때 많은 부모님이 제게 형편이 어떠냐고 자주 물으셨습니다. 그때 학생들을 실어 나르는 승합차(Van)가 하나 있으면 좋겠다고 생각했지만 굳이 부탁하지는 않았습니다. 오히려 사 준다는 것을 거절한 적이 있습니다.

　선교지에서 주님의 사역에 필요한 것을 부탁할 때 때로는 교회 입장에서 당황스러울 수도 있습니다. 하지만 선교지의 형편을 이해하고, 너그럽게 베푸는 교회를 통해 하나님은 "이 모든 것을 더하시는" 은혜로 함께하시고, "주는 것이 받는 것보다 복이 있다"(행 20:35)는 말씀을 이루실 것입니다.

자족의 비결

나는 비천에 처할 줄도 알고 풍부에 처할 줄도 알아 모든 일 곧 배부름과 배고픔과 풍부와 궁핍에도 처할 줄 아는 일체의 비결을 배웠노라_빌 4:12

비천과 풍부, 배부름과 배고픔, 풍부와 궁핍⋯⋯. 바울은 이러한 양극단의 상황에 다 처해 보았다고 합니다. 그렇다면 양극단을 반드시 다 경험해야 일체의 비결을 배울 수 있는 걸까요? 이런 롤러코스터 인생을 다 경험해 본 분들은 아마 별로 없을 것입니다. 설사 다 경험했다 하더라도, 일체의 비결을 다 체득하지는 못했을 겁니다. 바울이 여기서 자기가 겪은 두 극단의 경험을 통해 말하려는 것은 무엇일까요? '중간쯤에서 사는 것이 자족의 비결'이라는 것입니까? 하지만 여러분은 중간도 불편하시죠? 바울의 말은 어쨌든 불편합니다. 그래서 도전이 됩니다.

'자족하는 비결을 배웠다'라는 것은 당시 철학자들도 사용하던 말이었습니다. 스토아 학파 철학자들은 바울이 말하는 자족과 자신들이 생각하는 '자족(self-sufficiency)'이 동의어라고 생각했습니다. '셀프(self)'라는 단어에서 보듯이, 이 비결은 '혼자(independence)'의 의미가 부여된 것입니다. 즉, 주위 환경과 무관하게 독립적이고, 초월적인 의미를 내포합니다. 다른 사람의 감정은 상관하지 않고, '나만 괜찮으면 괜찮다'라고 하는 의미의 독립성을 말하는 것입니다. 셀프(self)에서 파생된 셀피시(selfish, 이기적인)는 무감각과 무관심을 뜻하는 단어로도 쓰였습니다.

그러나 바울이 말하는 자족의 비결은 스토아 학파 철학자들이 말하는 자족이 아니라, 그리스도 예수 안에서 발견되는 만족이었습니다.

내게 능력 주시는 자 안에서 내가 모든 것을 할 수 있느니라 _빌 4:13

바울의 자족 비결은 주위 사람, 주위 환경에 대한 무관심, 무감각으로 일관하는 것이 아닙니다. 어떤 환경에 직면했다 할지라도 나의 마음과 생각을 하나님의 뜻에 복종시키는 것입니다. 없다고 주눅 들거나 비굴하지 않고, 있다고 으스대고 자기도취에 빠지지 않는 것이 자족하는 자의 모습입니다.

그런데 이 말씀이 때로는 남용되는 것을 봅니다. 공부를 하나도 하지 않은 학생이 시험을 보면서 이 구절을 외웁니다. 그런다고 갑자기 모범 답안이 떠오르는 일은 없을 것입니다. 오히려 낙제할지라도 '내게 능력 주시는 자' 때문에 한 번 실수에 넘어지지 않고, 다시 용기 내도록 힘을 주시는 하나님을 경험하는 것이 자족의 비결입니다. 13절 말씀은 '주님이 힘을 주심으로 대적을 만나도 내 마음을 평강하게 하시고, 풍요 가운데도 겸손할 수 있게 하신다'라는 것입니다. 바울은 이것을 배웠다고 했습니다.

아마도 계속 순탄한 삶만 사는 사람은 없을 것입니다. 누구나 좋은 때와 나쁜 때(ups and downs)를 경험합니다. 이민 생활의 어려움을 생각해 보십시오. 언어 문제, 신분 문제 등 말해 뭐하겠습니까? "내게 능력 주시는 자 안에서 내가 모든 것을 할 수 있느니라"는 말씀은 이럴 때 적용하는 것입니다. 어떤 어려움이 나를 기다린다고 해도, 내 삶은 하나님이 붙들고 계신다는 것을 믿고 가는 것입니다.

수년 전 청소년들과 놀이공원에 간 적이 있습니다. 아이들이 회전목마를 탈까요, 롤러코스터를 탈까요? 당연히 오르막과 내리막(ups and downs)과 트위스트가 있는 롤러코스터를 탑니다. 위험한 것 같은데도 롤러코스터를 탑니다. 왜요? 롤러코스터가 레일에서 이탈하지 않을 것을 믿으니까요. 내가 롤러코스터를 타다가 공중으로 튕겨 나가지 않을 것을 믿으니까요. 마찬가지로 지금 우리 삶이 롤러코스터이고, 우리의 직장이 롤러코스터입니다. 그래도 한 가지 확실한 것은 롤러코스터에서 튕겨 나가지 않도록 안전을 책임지는 분이 '내게 능력 주시는 자', 바로 하나님이라는 것입니다. 그러므로 다음의 두 가지 사실을 꼭 기억하시기 바랍니다.

첫째, 롤러코스터의 안전 책임자는 하나님이시다!
둘째, 내 옆에 타고 있는 계신 분은 예수님이시다!

놀이공원에서 롤러코스터 타는 모습을 찍은 사진을 기념으로 갖고 있는 분 있습니까? 한결같이 긴장해서 눈을 감고 있지만, 사진에서 공포감을 느낄 수는 없습니다. 옆에 같이 탄 사람 덕분입니다. 든든한 아빠가 옆에 탔습니다. 든든한 친구가 옆에 탔습니다. 든든한 자녀가 옆에 탔습니다. 여기서 자족의 비결을 하나 더 깨닫게 됩니다. 인생의 롤러코스터 학교에서 '누가 내 옆에 탔느냐가 중요하다'는 것입니다.

내 인생의 주인이시며 내게 복 주시기를 원하신 나머지 자신의 생명까지 내어 주신 예수님. 그 예수님이 내 옆에서 롤러코스터를 같이 타고 계십니다. 한없이 공중으로 솟을 때도, 끝없이 낙하할 때도 내 손을 잡고 계시는 예수님이십니다.

제자들이 탄 배에 풍랑이 일었습니다. 파도가 치고 배에 물이 차고…… 제자들은 자신들이 꼭 죽을 것만 같습니다. 이처럼 '하나님은 우리를 신경도 쓰지 않으신다'고 느낄 때가 있습니다. 그러나 풍랑 이는 배 안에 주님이 같이 타고 계셨듯이, 롤러코스터 같은 내 인생에도 주님이 함께하십니다(막 4:35~41). 나를 위해 생명 주신 주님이 내 옆에서 지금도 내 손을 꼭 잡고 계십니다.

적용질문

† "인생은 (   )과(와) 같다." 괄호를 채우고, 그 이유에 대해
  나눠 보십시오.

† 바울은 자신이 배운 '일체의 비결'을 이야기하기에 앞서 빌립보 교회
  성도들이 보낸 사랑에 감사합니다. 선한 일을 돕는 일에 하나님의 은
  혜를 너그럽게 나누는 자가 되려면 어떤 영적 예민함이 필요할까요
  (빌 4:10~11, 17, 딤후 4장)?

† 빌립보서 4장 13절 말씀은 많은 사람이 암송하며 인용하는 구절입니다. 잘못 쓰이는 예를 들어 보십시오.

† 바울이 배운 자족의 비결을 아래에 적어 보며 우리의 삶에 적용해 봅시다.

- ---
- ---(막 4:35~41)

Chapter

24

연금(Annuity)같이
돌아온 헌금

빌립보서 4장 14~17절

14 그러나 너희가 내 괴로움에 함께 참여하였으니 잘하였도다 15 빌립보 사
람들아 너희도 알거니와 복음의 시초에 내가 마게도냐를 떠날 때에 주고 받
는 내 일에 참여한 교회가 너희 외에 아무도 없었느니라 16 데살로니가에 있
을 때에도 너희가 한 번뿐 아니라 두 번이나 나의 쓸 것을 보내었도다 17 내가
선물을 구함이 아니요 오직 너희에게 유익하도록 풍성한 열매를 구함이라
_빌 4:14~17

수십 년 전 아프리카 선교사님의 간증을 들었습니다. 힘들게 사는 형
편을 너무 잘 아는 한 집사님이 어느 날 선교 헌금을 100달러나 보내
셨답니다. 그래서 선교사님이 "어찌 이렇게 큰돈을 헌금하셨느냐?"
하고 연락했더니 그분이 "몸이 아프면 빚을 내서라도 병을 고치지 않
습니까? 내 몸을 고치는 것보다 더 중한 일을 하시는 선교사님에게 어
찌 100달러를 못 보내겠습니까?" 하더랍니다. 선교사님은 "그때부터

그런 헌금은 뺏어서라도 주의 사역에 쓰고 싶더라"라고 하셨습니다. 그 말씀이 지금도 기억납니다. 헌금을 받는 자가 헌금을 주는 자보다 더 당당한 뭔가가 느껴졌습니다.

　이 본문에서 저는 사도 바울에게서 그런 당당함과 여유를 보았습니다.

괴로움에 참여한 교회

　바울은 14절에 "내 괴로움에 함께 참여하였으니 **잘하였도다**(it was good of you)"라고 합니다. "고맙습니다"라고 해야 할 순간에 "잘했다"라고 합니다. 바울의 '당당함'이 엿보입니다. 또 15절에서는 "내가 마게도냐를 떠날 때에 주고받는 내 일에 참여한 교회"라고 합니다. 여기서 '참여'라는 단어가 또 등장하는데, 참여는 원어로 '코이노니아', 영어로는 'share'입니다. 그래서 그들이 무엇에 참여(share)했습니까?

　16절에 보니 "나의 쓸 것을 보내었도다(you sent me aid)"라고 합니다. 바울은 마게도냐를 떠날 때에도 '너희들 외에는' 도운 자가 없었고, 더욱이 데살로니가에서도 너희가 '한 번뿐 아니라 두 번이나 도왔다'라고 합니다. 그런데 여기서 '두 번'이란 딱 두 번만 도와주었다는 뜻이 아닙니다. 헬라어 *καὶ ἅπαξ καὶ δίς*(카이 하팍스 카이 디스)는 영어로 'again and again'[NIV]으로 번역되었습니다. 원어의 의미를 살려 번역한 것인데 '계속 도와주었다'라는 뜻입니다. 그들이 데살로니가 사역 이후 로마에 갇혀 있던 바울을 계속 도울 길을 찾다가 이번에도 에바브로디도를 통해 도왔다는 것입니다. 계속해서 지속해서 바울을 도운 것입니다. 당연히 이런 지속적인 후원은 아프리카 선교사님의 말씀처럼 "뺏어서라도 가져갈 헌금"을 해 주신 성도들이 있어서 가능한 것이었습니다. 그 후원 방법을 세 가지 정도로 정리할 수 있습니다.

후원하는 방법

첫째, 십일조와 감사헌금

교인들은 교회가 건강한 사역을 할 수 있도록 교회에서 사례를 받는 자들을 후원해야 합니다. 교회는 십일조와 감사헌금으로 사역자들을 돕습니다. 결국 십일조는 나에게 그 은혜와 혜택이 돌아옵니다. 사역자들이 사역을 잘하면 그것이 성도들에게 돌아올 것이기 때문입니다.

둘째, 선교헌금

제가 시무하는 베델교회는 매년 초에 선교헌금을 작정합니다. 이때 저는 성도님들에게 교회가 선교헌금을 전략적으로 결정하고 쓸 수 있도록 도와주시기를 당부합니다. 그리고 베델교회가 돕기로 작정한 선교사님들에게 더 필요한 일(예를 들어 건축 프로젝트나 새로운 사역 등)이 있다고 공식 광고가 나오기 전에는 개별적으로 헌금하지 말고, 교회를 통해 선교헌금을 해 주시길 부탁드립니다. 만약 그렇게 하지 않고, 그냥 시시때때로 자기가 돕고 싶은 분에게만 헌금하다 보면 여러 부작용이 생기기 때문입니다. "헌금하는데 무슨 부작용이냐?" 하실지 모르지만, 다음과 같은 부작용이 있습니다.

헌금은 내가 하나님께 거저 받았으니 거저 드리는 것입니다. 그런데 거저 받은 것을 마치 자기가 주인인 것처럼 여기저기 자기 뜻에 따라 드리다 보면 어떻게 되겠습니까? 이것은 교회 리더십의 선교적인 계획을 불신한다는 방증일 수 있습니다. 그리고 그렇게 헌금하는 것을 선교헌금을 받는 당사자인 선교사가 알게 되면, 유혹을 받게 됩니다. 교회적으로는 각 선교사님에게 공평하게 나누어 후원하고 있는데, 개별적으로 후원하다 보면 교회와 관계가 깊지 못한 선교사에 대한 후원이 소홀해질 수밖에 없기 때문입니다.

셋째, 지정헌금

교회가 가끔 필요에 의해 캠페인을 벌일 때가 있습니다. 이때 하는 헌금이 지정헌금입니다. 지정헌금은 성도들이 특별한 감동을 받아서 "하나님의 뜻에 따라 필요한 곳에 써 주십시오" 하고 드리는 헌금입니다. 아프간 난민을 위해, 태풍 피해를 입은 수재민을 위해, 지진이나 산불로 집을 잃은 사람들을 위해 드리는 헌금이나 다음 세대를 위한 장학금 등을 지정해서 드릴 수 있습니다. 교회가 필요에 따라 선한 사역에 쓸 수 있도록 교회 리더십을 믿고 드리는 헌금도 이에 속합니다.

바울이 헌금을 받고 담대할 수 있었던 이유

내가 선물을 구함이 아니요 **오직 너희에게 유익하도록 풍성한 열매
를** 구함이라_빌 4:17

바울은 "내 구좌(口座)에 들어오는 유익이 아니라, 헌금하는 너희
의 계좌에 유익하기 위함이라"고 말합니다. 빌립보 교회 성도들의 너
그러운 후원 때문에 바울이 기뻐하는 이유가 자기에게 재정적인 여
유가 생겨서라기보다는 성도들에게 유익하기 때문이라는 것입니다.

실제로 바울은 성도들에게 무엇을 받았는지 언급도 하지 않았
습니다. "오직 너희에게 유익하다" 하며 "이 헌금이 너희에게 어떤 의
미인지 알기에 고맙다"라고 합니다. 세상과는 완전히 다른 계산법입
니다.

이유인즉슨 헌금의 양 때문이 아니라, 헌금을 통해 성도들에게
일어난 헌금의 가치, "열매"의 풍성함을 그가 보았기 때문이라는 겁
니다. 즉 성도들의 헌금은 낭비, 혹은 드린 만큼 주머니(구좌)에서 돈이
빠져나간 마이너스가 아니라, 다시 열매(reward, καρπòν)로 돌아올 것을
기대한 투자라는 것입니다.

우리는 헌금한 자에게 맺힐 '열매'라는 말에 주목할 필요가 있습
니다. 열매는 시간이 지나면 반드시 맺힙니다. 마치 지금 CD(양도성 예
금증서)를 사거나 연금(annuity)을 부으면, 나중에 은퇴하고 그 혜택을
받을 수 있는 것과 같습니다. 지금 바울에게 보내는 헌금이 없어지는

것이 아니라, 나중에 찾을 수 있는 투자라는 것입니다. 바로 '영원을 향한 투자!'입니다.

주라 그리하면 너희에게 줄 것이니 곧 후히 되어 누르고 흔들어 넘치도록 하여 너희에게 안겨 주리라 너희가 헤아리는 그 헤아림으로 너희도 헤아림을 도로 받을 것이니라_눅 6:38

우리가 "주라"라고 하는 이 명령에 순종하지 않는 한 "후히 되어 누르고 흔들어 넘치도록 안겨 주리라 A good measure, pressed down, shaken together and running over, will be poured into your lap [NIV]"는 없는 것입니다.

28b …… 우리가 우리의 것을 다 버리고 주를 따랐나이다 29 이르시되 내가 진실로 너희에게 이르노니 하나님의 나라를 위하여 집이나 아내나 형제나 부모나 자녀를 버린 자는 30 현세에 여러 배를 받고 내세에 영생을 받지 못할 자가 없느니라 하시니라_눅 18:28b~30

제가 35세 때 20년짜리 '텀(term) 생명보험'을 든 적이 있습니다. 처음 생명보험을 들 때, 죽음을 생각하는 것이 찜찜했습니다. 왜냐하면 그 당시만 해도 죽을 날이 멀다고 생각했기 때문입니다. 사람은 반드시 죽는 데도 말입니다. 그러나 그때 이미 저에게 딸린 애가 셋이었습니다. 만약을 위해서 들었습니다. 이후 20년 만기가 가까이 다가오

자 제 옆의 사람이 그랬습니다. 53세 되던 해에는 자꾸 "2년 남았다" 하고, 54세가 되었을 때는 "이제 1년 남았다" 했습니다. 또 기분이 안 좋았습니다. 우스개로 하는 얘기지만 보험 드는 것도 주저하는 면이 우리에게 있습니다. 그렇듯이 헌금도 당장 내 주머니에서 빠져나가는데 '나를 위한 투자'라고 생각하는 것이 쉽지는 않을 것입니다. 그러나 빌립보 교회는 그것을 했습니다. 그 비결이 무엇일까요?

이방인이 하는 방법

또 너희가 너희 형제에게만 문안하면 **남보다 더하는 것이 무엇이냐** 이방인들도 이같이 아니하느냐_마 5:47

동창, 동향, 동기, 같은 교단, 같은 정치적 성향 등을 이유로 돕는 이유가 무엇입니까? 정 때문에, 불쌍해서, 이런저런 연결고리 때문에 마지못해서 도울 수 있습니다. 그런데 은혜를 모르면 어떻게 진심으로 남을 도울 수 있겠습니까?

성경적으로 후원하는 방법

첫째, 거저 받았으니 거저 준다

병든 자를 고치며 죽은 자를 살리며 나병환자를 깨끗하게 하며 귀신을 쫓아내되 너희가 거저 받았으니 거저 주라 _마 10:8

헌금의 대가를 기대하지 말고 하라는 것입니다. 과일나무를 심고 열매를 기다리는 것처럼, 보이지 않고 기대할 수 없는 영적인 것에 투자하라는 말입니다.

둘째, 받은 은사대로 준다

4 우리가 한 몸에 많은 지체를 가졌으나 모든 지체가 같은 기능을 가진 것이 아니니 5 이와 같이 우리 많은 사람이 그리스도 안에서 한 몸이 되어 서로 지체가 되었느니라 6 우리에게 주신 은혜대로 받은 은사가 각각 다르니 혹 예언이면 믿음의 분수대로, 7 혹 섬기는 일이면 섬기는 일로, 혹 가르치는 자면 가르치는 일로, 8 혹 위로하는 자면 위로하는 일로, 구제하는 자는 성실함으로, 다스리는 자는 부지런함으로, 긍휼을 베푸는 자는 즐거움으로 할 것이니라 _롬 12:4~8

즉 "서로 다르다는 것을 인정하고 내 은사를 펼치라"는 뜻입니다. 퍼거슨(Sinclair B. Ferguson) 교수는 빌립보서 주석에서 이 부분을 이렇게 다뤘습니다.

빌립보 교회 성도들은 바울의 신분이나, 은사에 대해 결코 질투하지

*않았으며, 바울 또한 홀로 지고 가는 사역의 부담 때문에 불평하지도
않았을 것이다.*

*The Philippians would never become jealous of Paul's
status or [his] gifts, nor would Paul complain that he
alone bore the burden of Christian ministry.*[1]

바울은 나만 고생한다고 불평하지 않았습니다. 전쟁에도 전방과
후방이 있듯이 사역도 전방과 후방이 있습니다. 해군이 해야 할 일이
있고, 공군이 해야 할 일이 있고, 육군 보병이 가서 해야 할 일이 있는
것입니다.

우리는 못마땅해하면서도 보험도 들고, 연금도 드는데, 확실히
연금으로 돌아올 헌금을 왜 온전히 드리지 못합니까? 기쁨으로 주께
드리시기 바랍니다. 성도의 섬김으로 인해 더욱 활력 있게 사역하는
건강한 교회가 될 줄 믿습니다.

---

1) Sinclair B. Ferguson, *Let's Study Philippians* (1997; repr., Edinburgh: Banner of
Truth, 2018), 111.

우리는 헌금한 자에게 맺힐 '열매'라는 말에
주목할 필요가 있습니다.
열매는 시간이 지나면 반드시 맺힙니다.
마치 지금 CD(양도성 예금증서)를 사거나 연금(annuity)을 부으면,
나중에 은퇴하고 그 혜택을 받을 수 있는 것과 같습니다.
지금 바울에게 보내는 헌금이 없어지는 것이 아니라,
나중에 찾을 수 있는 투자라는 것입니다.
바로 '영원을 향한 투자!'입니다.

적용질문

† 바울이 빌립보 교인들에게 "내 괴로움에 함께 참여하였으니 잘하였도
다"(빌 4:14)라며 격려와 감사를 표합니다. 괴로움에 참여하였다는 말은
무슨 의미입니까? 교회의 선한 사역에 '참여(share)'하는 파트너십이 나
에게도 있습니까?

† 바울은 빌립보 교회의 "참여"에 감사하며, 다시 한번 자신이 더 헌금
을 구하는 의도가 없음을 밝힙니다. 다음 구절에서 바울이 어떻게 말
하고 있습니까?
 • "내가 _____ 아니요"(빌 4:17a).
 • "내게는 _____ 또 풍부한지라"(빌 4:18a).

† 바울은 자신이 기뻐하는 이유가 재정적인 여유가 생겨서라기보다는
선물을 보낸 빌립보 교회 성도들에게 더 유익하기 때문이라고 했습
니다. 4장 17절 말씀을 우리가 쓰는 일상용어로 바꾸어 표현해 보십
시오.

† 바울은 헌금을 하는 것이 헌금을 받은 자신보다, 헌금을 한 성도들에게 유익하다는 것을 보이고자 "열매"라는 말로 표현했습니다. 이것이 무슨 뜻인지 참고 구절을 읽고 답해 보십시오(눅 6:38, 18:28b~30).

† 믿음 없는 자들의 기부와 믿음 있는 성도의 헌금의 차이점은 무엇입니까?

· "또 너희가 너희 형제에게만 문안하면 (   ) 더하는 것이 무엇이냐 이방인들도 이같이 아니하느냐"(마 5:47).

· " …… 너희가 (   ) 받았으니 (   ) 주라"(마 10:8b).

· "우리가 한 몸에 (   )를 가졌으나 모든 지체가 같은 기능을 가진 것이 (   ) 이와 같이 우리 많은 사람이 그리스도 안에서 (   ) 되어 서로 지체가 되었느니라 우리에게 주신 은혜대로 받은 은사가 각각 (   ) 혹 예언이면 믿음의 분수대로, 혹 섬기는 일이면 섬기는 일로, 혹 가르치는 자면 가르치는 일로, 혹 위로하는 자면 위로하는 일로, 구제하는 자는 성실함으로, 다스리는 자는 부지런함으로, 긍휼을 베푸는 자는 즐거움으로 할 것이니라"(롬 12:4~8).

Chapter

25

헌금에서
향이 납니다

빌립보서 4장 18~19절

18 내게는 모든 것이 있고 또 풍부한지라 에바브로디도 편에 너희가 준 것을 받으므로 내가 풍족하니 이는 받으실 만한 향기로운 제물이요 하나님을 기쁘시게 한 것이라 19 나의 하나님이 그리스도 예수 안에서 영광 가운데 그 풍성한 대로 너희 모든 쓸 것을 채우시리라_빌 4:18~19

앞의 장에서 저는 4장 17절 말씀을 인용해 "헌금은 연금되어 돌아오는 일종의 영원을 향한 영적 투자"라고 했습니다. 바울은 여기에 덧붙여 18절과 19절에서 정말 눈이 번쩍 뜨이는, 엄청난 말을 합니다.

그런데 제가 두 장에 걸쳐 헌금에 대한 이야기를 하다 보니 저도 바울처럼 예민해지는 것이 사실입니다. 굳이 변명하자면 본문에 따라 '할 수 없이' 하는 것임을 말씀드립니다.

향기로운 제물(a Fragrant Offering)

내게는 모든 것이 있고 또 풍부한지라 에바브로디도 편에 너희가 준 것을 받으므로 내가 풍족하니 **이는 받으실 만한 향기로운 제물이요** ······ _빌 4:18a

구약에 나오는 제사 제도에 대한 지식이 있으면 이 말씀도 금방 이해가 될 것입니다. 제사의 제물을 잡는 현장은 그리 향기로운 냄새가 나는 곳이 아닙니다. 피 냄새를 좋아하는 사람이 있을지도 모르지만 보통은 피비린내가 진동해서 섬뜩하기까지 한 곳입니다.

코로나 팬데믹이 한창일 때 코로나 감염 후유증으로 코피가 난 것도 아닌데 계속 코에서 피 냄새가 난다는 분이 있었습니다. 이러나저러나 결코 유쾌한 냄새는 아닐 것입니다. 그래서 구약 시대 제사 때는 향(incense)을 피웠습니다. 하나님께서 말씀하신 대로 모세는 "소합향, 나감향, 풍자향의 향품에 유향을 섞어서(Take fragrant spices--gum resin, onycha and galbanum--and pure frankincense)" 향을 만들었습니다(출 30:34). 그래서 번제단에서 제물이 태워지면서 향과 함께 오르는 연기를 '향기로운 냄새'라고 불렀습니다.

그 숫양 전부를 제단 위에 불사르라 이는 여호와께 드리는 번제요 이는 **향기로운 냄새**니 여호와께 드리는 화제니라 _출 29:18

그 소제물 중에서 기념할 것을 가져다가 제단 위에서 불사를지니 이는 화제라 여호와께 **향기로운 냄새**니라 _레 2:9

소제는 땅의 소산물을 주신 하나님의 은혜에 감사해 드리는 제사로 곡물을 태워 드립니다. 이때 나는 냄새는 빵 굽는 냄새라고 생각하면 됩니다. 언젠가 샌드위치 장사를 하는 분에게 직접 들은 이야기입니다. 빵을 구울 때 오븐에서 나는 연기를 배출하는 연통을 사람들이 많이 지나다니는 곳을 향해 설치해서 빵 굽는 냄새를 퍼지게 한답니다. 배고픈 사람은 열이면 아홉은 들어와서 샌드위치를 사 먹는다고 합니다.

지금 빌립보 교회 성도들이 바울에게 보낸 헌금이 "향기로운 냄새", 즉 '향이 나는 제사'와 같다는 것입니다. 여러분은 헌금에서 향이 난다고 생각해 보셨습니까?

집에 들어갈 때 향긋한 냄새가 나면 하루의 스트레스가 풀립니다. 내 앞을 지나치는 사람 중에도 은은한 향기를 내는 사람이 있습니다. 별거 아닌 거 같은데 그 향기 덕분에 그에게서 매력이 느껴집니다. 그래서 사람들이 향수나 오드콜로뉴(perfume or eau de cologne)를 사용하나 봅니다.

이처럼 하나님은 우리의 헌금에서 향기로운 냄새를 맡으시고, 감탄하시며, 향기 나는 곳을 주목하십니다. 우리처럼 '돈'이 좋으셔서 그러신 걸까요? 만물이 다 그로 말미암고 그를 위하여 창조되었으며, 그의 것인데(골 1:16) 뭐가 그리 아쉬워서 돈에 끌리시겠습니까?

"네 보물 있는 그 곳에는 네 마음도 있느니라"(마 6:21)는 말씀대로 거기에 여러분의 마음이 담겨 있기 때문입니다. 정확하게 여러분의 마음이 헌금에 담겨 있기 때문입니다. 그래서 사도 바울은 고린도후서에서 그 향기를 이렇게 표현합니다.

> 14 항상 우리를 그리스도 안에서 이기게 하시고 우리로 말미암아 각처에서 그리스도를 아는 **냄새**(fragrance)를 나타내시는 하나님께 감사하노라 15 우리는 구원 받는 자들에게나 망하는 자들에게나 하나님 앞에서 그리스도의 **향기**(aroma)니 _고후 2:14~15

'그리스도의 향기'라고 했습니다. 그리스도를 아는 인격이 고스란히 묻어나는 헌금이라는 것입니다. 헌금에 신앙 인격이 담겨 있기에 그리스도의 향기라고 말할 수 있습니다.

몇 해 전의 일입니다. 당시 저희 교회 선교관에 며칠간 묵고 계시던 선교사님이 제 방에 들어오시면서 "이 방에는 향기가 나네요"라고 하셨습니다. 그러고는 곧장 "선교관에서도 향기 나는 분들을 보았습니다"라고 하셔서 깜짝 놀랐습니다. 바로 그때 제가 이 본문 말씀으로 설교 준비를 하고 있었기 때문입니다. 그런데 사실 그때 제 방에서 난 향기는 때마침 끓이고 있던 보이차 향이었습니다. 선교사님이 선교관에서 보았다는 향기 나는 분들, 선교관을 섬기는 분들에게서 난 향기야말로 진정한 그리스도의 향기입니다. 우리의 헌금에서도 이처럼 그리스도의 향기가 나야 합니다.

하나님을 기쁘시게 하는 제물

…… 이는 받으실 만한 향기로운 제물이요 **하나님을 기쁘시게 한 것이라**_빌 4:18b

바울은 구약 시대의 제사 이미지를 동원해서 빌립보 교인들의 헌금이 성전에서 하나님 앞에 드려지는 제물(sacrifice)이요, 하나님을 기쁘시게 하는 것(pleasing to God)이라고 말합니다.

여러분은 '하나님께서 나를 보면서 좋아서 어쩔 줄 몰라 하시는 모습'을 상상해 보신 적이 있습니까?

자기도취증(narcissism)에 빠져 있는 자가 아니면 겸연쩍어서 도저히 할 수 없는 상상입니다. 하나님이 나를 보신다고 상상하면, 기뻐하시는 하나님의 모습보다 내 부끄러운 면만 먼저 생각나지 않습니까? 하나님이 너무 좋아서 나를 안아 주시려고 하는 모습을 상상하기란 그리 쉽지 않습니다. 이런 찬양이 있습니다.

"나 주님의 기쁨 되기 원하네. 내 마음을 새롭게 하소서. …… 내가 원하는 한 가지 주님의 기쁨이 되는 것."

정말로 그 마음이 제게 있지만, 우리 인정합시다. 잘 안됩니다. 그럼에도 '하나님이 기뻐하시는 이유가 무엇일까?' 곰곰이 묵상하는 가운데, 본문의 '제물'이라는 단어가 자꾸 제 눈에 들어왔습니다.

제물(Sacrifice)

헌금이 구약에서 말하는 제물(sacrifice)인데, 그 의미는 '희생적 (sacrificial)'입니다. 그냥 주머니 뒤지다가 잡히는 돈 몇 푼을 헌금함에 넣는다고 다 헌금이 아닙니다. 가끔 겨울옷을 꺼내면서 주머니에서 나오는 10불, 20불짜리 지폐를 발견할 때가 있습니다. 1년을 넘게 모르고 있다가 발견한 돈입니다. 하나님께 드리는 헌금은 없어져도 없어졌는지 모르는 그런 돈이 아닙니다. 말 그대로 '희생'으로 드린 헌금입니다. 그것이 하나님께 '기쁨'이 되었다는 것입니다.

헌금은 드리는 태도에 따라 세 종류로 나눌 수 있을 것 같습니다. 1) 인색한 헌금 2) 너그러운 헌금 3) 희생적인 헌금입니다. 너그러운 헌금도 너무 귀하지만 꼭 '희생적인 헌금'은 아닐 수 있습니다. 하나님이 기뻐하시는 향기 나는 제물은 희생의 제물입니다. 여러분의 헌금에는 어떤 향기가 납니까?

예수님이 세례를 받고 요단강에서 올라오실 때 성령이 비둘기같이 내리며 하늘에서 들린 음성이 있습니다.

하늘로부터 소리가 있어 말씀하시되 이는 **내 사랑하는 아들이요 내 기뻐하는 자라** 하시니라_마 3:17

죄 없으신 예수님이 우리 죄인들처럼 세례를 받으시며 죄인과 동일화되셨습니다. 우리의 죄를 안고 십자가에서 희생당하실 독생자

예수 그리스도를 향한 하나님 아버지의 선포는 "내 사랑하는 아들이
요 내 기뻐하는 자라"였습니다. "받는 것 없이 좋은 사람 있고, 주는 것
없이 미운 사람 있다"라는 말이 있듯이 하나님은 우리를 그냥 좋아하
십니다. 할아버지, 할머니가 받는 것 없이 손주들을 무조건 좋아하듯
이 말입니다. 그러다 아이들이 커서 엄마, 아빠에게, 할아버지, 할머니
에게 "첫 월급을 탔다" 하며 얼마 되지도 않은 월급으로 선물을 사 오
면, 그땐 이기지 못하는 **기쁨이 폭발합니다.**

그럴 때 하나님이 취하시는 행동을 보십시오.

나의 하나님이 그리스도 예수 안에서 영광 가운데 그 풍성한 대로
너희 모든 쓸 것을 채우시리라_빌 4:19

빚지고 못 사시는 하나님

이런 표현이 맞을지 모르지만, 하나님은 빚지고 못 사신다고 할
수 있습니다. 그래서 희생적인 헌금을 드린 자들에게 하나님이 "모든
쓸 것을 채우시리라" 하신 것입니다.

그런즉 너희는 먼저 그의 나라와 그의 의를 구하라 그리하면 이 모
든 것을 너희에게 더하시리라_마 6:33

해가 지지 않는 대영제국 시대, 빅토리아 여왕이 배를 만들기 위해 기술자를 물색하던 중에 조그마한 목공소를 하는 기술자를 찾아냈습니다. 그에게 나라를 위해 배를 짓는 데 봉사할 것을 부탁했습니다. 하지만 그는 "처자식이 있어서 못하겠습니다"라고 했습니다. 그때 여왕이 이렇게 말했다고 합니다.

"네가 나의 일을 하면, 나는 너의 일을 책임지겠다(You mind my business, then I mind your business)."

여러분, 이런 딜(deal)이 어디 있습니까? 이것은 반드시 잡아야 합니다. 이렇듯이 하나님께서 정확하게 "네가 하나님 나라의 일을 하면, 나는 너의 가족의 일을 책임지겠다(YOU MIND MY KINGDOM BUSINESS, THEN I WILL MIND YOUR FAMILY BUSINESS)!!!" 말씀하시는 것입니다.

만약에 하나님이 우리가 드린 것에 배상(reimburse)하신다면, 결코 인색하지 않으실 것입니다. 왜요? 우리를 위해 아낌없이, 당신의 아들까지 내어 주신 하나님이시잖아요. 그런 십자가의 희생이 있기에 그 마음으로 희생의 제물을 드린 성도들에게 하나님이 뭔들 못 주시겠습니까?

> …… 곧 후히 되어 누르고 흔들어 넘치도록 하여 너희에게 안겨 주리라 A good measure, pressed down, shaken together and running over, will be poured into your lap [NIV] 너희가 헤아리는 그 헤아림으로 너희도 헤아림을 도로 받을 것이니라 _눅 6:38b

향기 나는 제물은 바로 하나님의 기쁨이요, 십자가 제물 되신 '예수 그리스도'가 생각나는 헌금입니다. 그분의 인격과 십자가의 복음이 담긴 헌금이 향이 나는 헌물입니다.

하나님은 우리를 그냥 좋아하십니다.
할아버지, 할머니가 받는 것 없이 손주들을
무조건 좋아하듯이 말입니다.
그러다 아이들이 커서
엄마, 아빠에게, 할아버지, 할머니에게 "첫 월급을 탔다" 하며
얼마 되지도 않은 월급으로 선물을 사 오면,
그땐 이기지 못하는 기쁨이 폭발합니다.

적용질문

† 여러분은 어떤 향수를 사용하십니까? 그리스도인으로서 어떤 향기를
풍기길 원하십니까?

† "너희의 준 것을 받으므로 내가 풍족하니 이는 받으실 만한 (   )
제물이요"(빌 4:18). 빈칸을 채우고, 이런 표현을 사용하는 구약의 참
고 구절을 읽고 이것에 대해 설명해 보십시오(출 29:18, 레 2:9).

† 향기로운 제물은 무엇을 의미하는지 아래 성경 구절을 읽고, 내가 드리
는 제물에서는 어떤 향기가 나는지 나눠 봅시다.
· "네 보물 있는 그 곳에는 네 (   )도 있느니라"(마 6:21).
· "항상 우리를 그리스도 안에서 이기게 하시고 우리로 말미암아 각처
에서 그리스도를 아는 (   )를 나타내시는 하나님께 감사하노라
우리는 구원 받는 자들에게나 망하는 자들에게나 하나님 앞에서 그
리스도의 (   )니"(고후 2:14~15).

† 하나님을 기쁘시게 하는 제물(sacrifice)의 의미는 무엇일까요? 예수님
   이 하나님 아버지께 기쁨이 되신 이유를 생각하며 그 의미를 새겨봅
   시다(마 3:17).

† 우리를 기뻐하시는 하나님이 우리를 향해 취하실 행동은 무엇입니까
   (빌 4:19, 마 6:33, 눅 6:38b)? 이 말씀을 믿고, 하나님의 기쁨 되는 성도 되기
   를 다짐하며 기도합시다.
   · "그런즉 너희는 (   ) 그의 나라와 그의 의를 구하라 그리하면 이
      모든 것을 너희에게 (   )"(마 6:33).

26

가이사 집에도
찾아온 은혜

빌립보서 4장 20~23절

20 하나님 곧 우리 아버지께 세세 무궁하도록 영광을 돌릴지어다 아멘 21 그
리스도 예수 안에 있는 성도에게 각각 문안하라 나와 함께 있는 형제들이 너
희에게 문안하고 22 모든 성도들이 너희에게 문안하되 특히 가이사의 집 사
람들 중 몇이니라 23 주 예수 그리스도의 은혜가 너희 심령에 있을지어다
_빌 4:20~23

하나님 찬양

하나님 곧 우리 아버지께 세세 무궁하도록 영광을 돌릴지어다 아
멘_빌 4:20

앞서 4장 14절에서 19절까지 말씀으로 두 차례에 걸쳐 헌금에 대해
전한 바 있습니다. 20절 말씀은 마치 그 결론과 같습니다.

받는 입장이나 나누는 입장이나 그 결론은 하나님 아버지께 영광입니다. 받았을 때는 헌금하신 분께 감사하고, 하나님께 영광을 돌려야 합니다. 내가 하나님께 드리고, 사람에게 나눌 수 있는 것은 특권입니다. 그리고 모든 일의 결론은 하나님께 영광입니다. 바울은 이미 "살아도 영광이요, 죽어도 영광이 되어야 한다"고 말했습니다.

"그런즉 너희가 먹든지 마시든지 무엇을 하든지 다 하나님의 영광을 위하여 하라"(고전 10:31) 하지 않았습니까. 그냥 배고프니까 먹고, 목마르니까 마시지 말고, 그 일조차(이런 일상이 하나님과 상관없는 것 같아도) 하나님께 영광이 되게 하라는 것입니다.

> 20 나의 간절한 기대와 소망을 따라 아무 일에든지 부끄러워하지 아니하고 지금도 전과 같이 온전히 담대하여 살든지 죽든지 내 몸에서 그리스도가 존귀하게 되게 하려 하나니 21 이는 내게 사는 것이 그리스도니 죽는 것도 유익함이라_빌 1:20~21

그리고 바울은 마지막 인사를 합니다.

그리스도 예수 안에 있는 성도에게 각각 문안하라 Greet **all** the saints in Christ Jesus [NIV] ……_빌 4:21a

모든 성도

원어로는 '모든 성도(πάντα ἅγιον)'라고 번역해야 뉘앙스가 맞는데, 한글 성경은 '모든' 대신 '각각'으로 번역했습니다. 이 '모든'에 누가 있는지 가만히 생각해 보십시오. 바울은 빌립보 교회 성도들(saints)에게 각각 문안합니다. 그들이 다 똑같지는 않았을 것입니다. 순한 분, 괄괄한 분, 느슨한 분, 급한 분, 선비 같은 분, 풋볼 선수 같은 분 등 다 섞여 있습니다. 교인들의 성숙도도 차이가 있었을 것입니다. 그럼에도 바울은 그들 모두를 '성도'라고 부릅니다. 그들이 다 성숙했다기보다는, 그들이 다 하나가 되어 주님 보듯이 했다기보다는, 그들이 다 그리스도 예수 안에 있는 성도이기 때문입니다. 그중에는 서로 사이가 안 좋은 유오디아와 순두게도 있었습니다. 의견을 달리하는 자들도 있었겠지요. 그래도 바울은 "그리스도 예수 안에 있다고, 그러므로 각각 문안하라"고 합니다.

우리는 주님의 몸 된 교회에 속한 지체입니다. 거룩한 하나님의 교회, 성도입니다. 이 점을 잊지 마시기 바랍니다.

혼자가 아니다

21b …… 나와 함께 있는 형제들이 너희에게 문안하고 22a 모든 성도들이 너희에게 문안하되 …… _빌 4:21b~22a

바울은 자신과 함께 있는 사람들의 안부도 전합니다. 이것이 무슨 뜻입니까? 바울이 혼자가 아니라는 것입니다. 바울 같은 영적 거인도 혼자 사역하지 않았습니다. 옆에서 돕는 동역자가 필요합니다. 함께 일하다가 조금이라도 의견 충돌이 생기면, "주께서 하시는 일, 나 혼자 한다. 이 사람, 저 사람 눈치 보느니 치사해서 못 하겠다" 그러시면 안 됩니다. 바울과 함께하는 동역자들과 그의 뒤에 있는 "모든 성도들이" 빌립보 교회에게 문안한 것을 기억하시기 바랍니다. 그런데 문안하는 자 중에 눈에 띄는 자들이 있습니다.

가이사의 집 사람들 중 몇

…… 특히 가이사의 집 사람들 중 몇이니라_빌 4:22b

"가이사의 집 사람들(Caesar's household)"의 안부도 빌립보 교회 성도들에게 전합니다. 가이사(Caesar), 가이사랴, 가이사랴 빌립보 등 성경에 나오는 많은 도시는 로마 황제의 이름을 따서 지어졌습니다. 정복자의 이름이 내가 사는 도시의 이름인 것입니다. 성도들의 입장에서 볼 때는 기독교를 박해하는 주범이 바로 가이사의 집안사람입니다. 이 소식을 들은 빌립보 성도들의 기분이 어떠했을까요?

① 바울이 정치적으로 로마 정부로 전향했다.
② 바울이 로마제국의 앞잡이가 되었다.

③ 바울이 로마 정부에 스파이로 잠입했다.

④ 복음의 능력은 복음을 핍박하는 로마 정부도, 황제 집안도 변화시킨다.

정답은 4번입니다. 이 얼마나 고무적인 일입니까? 아무리 로마 정부가 교회를 박해한다고 할지라도 그 안으로 파고드는 복음의 확산을 막을 수는 없었습니다. 복음의 침투력이 느껴지지 않습니까? 황제 가이사의 집안에도 침투한 복음입니다.

이미 복음은 로마 간수에게도 전해졌습니다. 그래서 그는 빌립보 교회의 개척 멤버가 되었습니다. 전에 예수님도 "이스라엘 중에서도 이만한 믿음은 만나보지 못하였노라" 하시며 로마 군인인 백부장을 칭찬하셨습니다(눅 7장).

중국의 문화대혁명(1966~1976) 당시 공산당이 모든 선교사를 추방하고 외국 교회와의 교류를 단절시켰습니다. 그리고 7,000개가 넘는 선교사가 세운 기독교 학교를 몰수했습니다. 당시 20개의 기독교 대학이 있었는데, 모두 공산당에 몰수 및 병합되면서 모든 교회당이 폐쇄 조치당했습니다. 그러나 나중에 뚜껑을 열어 보니 오히려 가정 교회, 즉 지하교회가 확산되었고, 지금은 중국의 기독교인 수가 7,000만에서 2억까지 헤아려진다고 합니다. 2030년에는 세계에서 기독교 인구가 제일 많은 나라가 될 것이라고 합니다.

이 복음의 확산에 우리 집안에도 예수님을 믿게 된 사람들이 있습니다.

사도 바울은 빌립보서를 이렇게 마무리합니다.

주 예수 그리스도의 **은혜가** 너희 심령에 있을지어다 _빌 4:23

바울이 빌립보서를 어떻게 시작했습니까?

하나님 우리 아버지와 주 예수 그리스도로부터 **은혜와** 평강이 너희
에게 있을지어다 _빌 1:2

바울이 시작한 대로 마무리를 짓습니다. 은혜로 시작해서 은혜
로 마무리합니다.

제가 학생 목회를 할 때 한 어머니가 자기 딸 문제로 급하다며 메
시지를 남겨서 통화한 적이 있습니다. 그런데 정작 그 딸은 제가 섬기
던 교회의 성도도 아니었습니다. 그 어머니의 하소연에 의하면 하루
가 멀다고 딸의 학교에서 연락이 오는데, 딸이 공부도 안 하고, 성적은
바닥이고, 파티만 다녀서 걱정이라는 것입니다. 그러면서 마지막에
이런 이야기를 하셨습니다.

"목사님, 제 딸이지만, 버리고 싶네요! 진절머리가 납니다. 정말
버리고 싶어요." 그러고는 전화를 끊으셨습니다. 나중에 그 어머니는
학교를 찾아가셔서 문제를 해결하고, 딸을 데리고 교회까지 오셔서
저에게 인사를 하셨습니다. 이후 딸은 공부를 끝까지 마치고 무사히
졸업을 했습니다.

때로는 하나님도 우리를 보실 때 말 안 듣는 딸을 '버리고 싶다'
던 어머니처럼 그런 마음이 들지 않으실까 싶습니다. 구원하여 그 은

혜를 누리며 살게 했더니, 공부는 안 하고 파티만 다니는 딸처럼 사는 우리를 보시고 말입니다.

빌립보서 강해를 마치며 우리 인생에 은혜가 아닌 것이 어디 있을까 싶습니다. 여러분은 정말 여러분이 자격이 있어서 누린다고 생각하십니까? 내가 잘나고 똑똑해서 지금 여기에 있다고 믿으십니까? 다 착각입니다. 하나님이 나를 버리지 않고, 포기하지 않고 붙들고 계시기에 내가 지금 여기에 있는 것입니다. 이 은혜를 잊지 말고 살아가시기 바랍니다.

내가 하나님께 드리고,
사람에게 나눌 수 있는 것은 특권입니다.
그리고 모든 일의 결론은 하나님께 영광입니다.

적용질문

† 헌금에 대한 설명을 마친 바울의 결론이 무엇입니까(빌 4:20; 1:20-21)?

† 바울은 빌립보 교회의 모든 성도에게 각각 문안합니다. 이것이 우리에 게 주는 교훈은 무엇입니까(빌 4:21a)?

† 바울과 더불어 빌립보 교회 성도들에게 문안하는 사람들 중에 누가 포함되어 있습니까? 왜 그것이 고무적인 일일까요(빌 4:22b)?

† 바울의 서신은 "주 예수 그리스도의 은혜가 너희 심령에 있을지어다!" 항상 이 문장으로 끝난다고 해도 과언이 아닙니다. 그 핵심이 무엇일까요(빌 4:23)?

기쁨으로 리셋
Reset with Joy

초판 발행일 | 2024년 10월 22일

지은이 | 김한요

발행인 | 김양재
편집인 | 송민창
편집장 | 김윤현
편집 | 정지현 정연욱 진민지 고윤희 이은영
디자인 | 정승원
지도 일러스트 | 기성은

발행처 | 큐티엠
주소 | 경기도 성남시 분당구 판교공원로2길 22, 4층 큐티엠 (우)13477
편집 문의 | 070-4635-5318   **구입 문의 |** 031-707-8781
팩스 | 031-8016-3193
홈페이지 | www.qtm.or.kr   **이메일 |** books@qtm.or.kr
인쇄 | ㈜신성토탈시스템
총판 | ㈜사랑플러스 02-3489-4300

ISBN | 979-11-94352-03-7

큐티엠(QTM, Question Thinking Movement)은 '날마다 큐티' 하는 말씀묵상 운동을 통해
영혼을 구원하고, 가정을 중수하고, 교회를 새롭게 하는 일에 헌신합니다.